KB261453

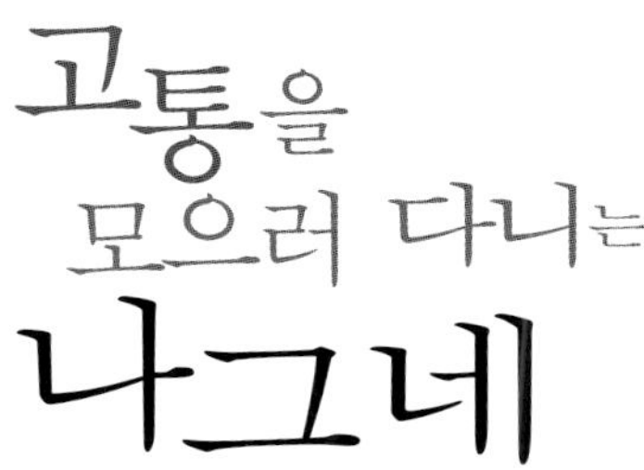

고통을 모으러 다니는 나그네

법장 스님

불광출판부

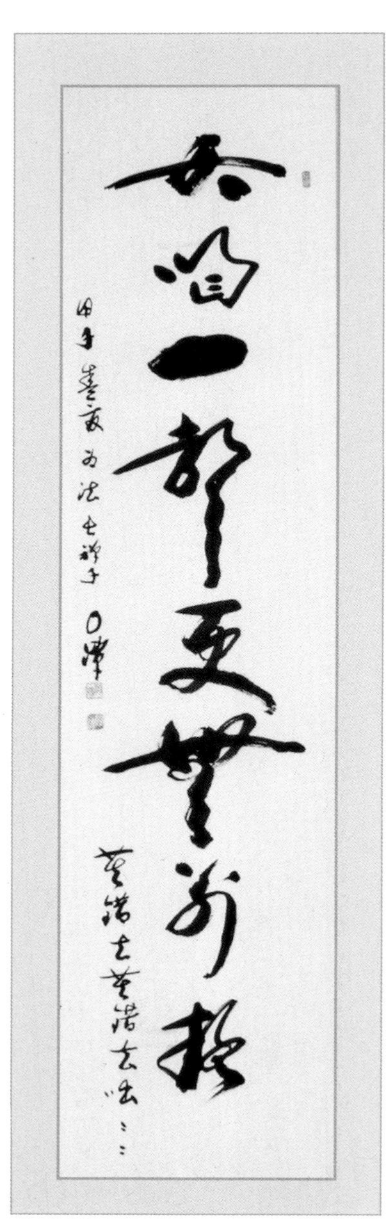

大喝一聲 更無別擬

甲子盛夏 爲法長禪子 圓潭

笑對靑山山亦笑

청산을 마주하고 웃으니
청산도 역시 웃더라

불기 2549(2005)년 9월 15일 인곡당 법장 대종사 영결식

고통을
모으러 다니는
나그네

글벗에게

만다라 세상에서 살면서
늘 생각해 왔었소.
"보아도 본 바 없는 소경으로
들어도 들은 바 없는 귀머거리로
아무짝에도 쓸모없고 이룬 바 없이
실바람 같은 나그네로 살다가
민들레씨처럼 가벼운 영혼이 되어서
언젠가는 저 세상으로 날아가야겠다"고.

바람이 이러한 내게
강 건너 오랜 벗이 찾아와
생급스럽게 떼를 쓰는데
그간 동서남북 야단법석에서
횡설수설하며 토해낸 소리들
그 빛 바랜 찌꺼기들을 주워모아
종이 위에 다시 짜맞춰 보자나.

"봉황도 날아가면 자취가 없고

연화도 지고나면 향기가 없는데
제 주제에 무슨 당치 않는 일인가” 해도
“이미 설한 것만으로도 자료가 충분하고
우바이 법의왕이 보시할 뜻도 밝혔고
불광출판부에서 맵시 있게 꾸밀 것”이라며
모자라는 나를 자꾸만 추켜세우니
‘그도 그럴 듯하다.’ 는 착각에 빠져 벗의 뜻을 받아들이기로 했네.

“소리 없는 벌레가 벽을 뚫는다”고 했는데
괜스레 분주를 떨고
주위 분들을 괴롭혀서
이제 겨우 책이 나오게 되었으니
부끄럽고 민망스러운 가운데서도
벗들의 진솔한 충고를 기다릴 수밖에

가당찮은 나의 행동에 대해
다시 또 구구한 변명을 털어내자면
"부처님을 만난 인연이 너무 좋아서
부처님의 품안이 너무 행복해서
은사스님의 꾸지람이 새삼 그리워서
모든 분들의 보살핌을 영영 잊을 길 없어서
그래서, 순전히 빚을 갚는 마음으로
반듯하고 잘났으나 용기 없는 벗보다
흐트러지고 못났으나 용기 있는 벗이 되어
잠시 어설픈 글진이가 되었다."고

불멸 2546 임오년 덕숭산에서 명광

· 차 례 ·

부처님 품에서

우리도 부처님같이 … 11
깨달음을 향한 출가 … 16
우리의 소원은 성불 … 20
오고 감 없는 삶 … 25
끝없는 광명 영원한 생명 … 29
정성을 다하여 … 34
최후의 한 생명까지도 … 41
병고 없는 세상을 위하여 … 48
부처님이 그리워 … 55
목련 스님의 효행 … 61

덕숭산에 기대어

나날이 편안한 날 … 71
길 없는 길로 떠나는 이 … 78

정과 혜가 근본이다 … 83

매화꽃 향기 … 89

보리심을 발하여 … 94

기쁨 속에 피어난 연꽃 … 100

안심입명 … 105

보살도를 닦으리 … 111

깨달음을 향하여 … 116

참다운 공덕 … 121

맑고 밝은 삶으로

오계의 향기 … 129

염불행자 … 137

참회하는 삶 … 143

육바라밀의 실천 … 149

마음 마음 마음 … 156

신심이 도 … 162

· 차 례 ·

오롯한 정성으로 … 168
비움의 완성 … 174
천도재의 공덕 … 180

야단법석

고통을 탁발하러 왔습니다 … 189
국토가 불신(佛身) … 196
마음운전사 … 204
생명 나눔의 실천 … 209
화장서약서 … 216
위정자의 보살행 … 222
여성의 미덕 … 230
반야동산에서 … 237
끝없는 행원 … 243
신이 아닌 진리를 믿자 … 248

부처님 품안에서

제비는 알에서 깨어나면 창공을 날려고 날개짓을 배워서 날고,

숭어는 알에서 깨어나면 큰 물에 나가려고 물살을 헤치는데 우리는 인간으로 태어나

다행히 창공보다 넓고 바다보다 깊은 불법(佛法)을 만났는데 한갓 미물(微物)보다도

못하게 목적 없는 인생을 살아서야 되겠습니까? 이제 부터라도 우리는 언제 어디서나

자나깨나 앉으나 서나 말할 때나 침묵할 때나 가나 수나 여럿이 있을 때나

혼자 있을 때나 오직 부처님의 가르침에 의지하여

깨달음을 향해 정진(精進)하여야겠습니다.

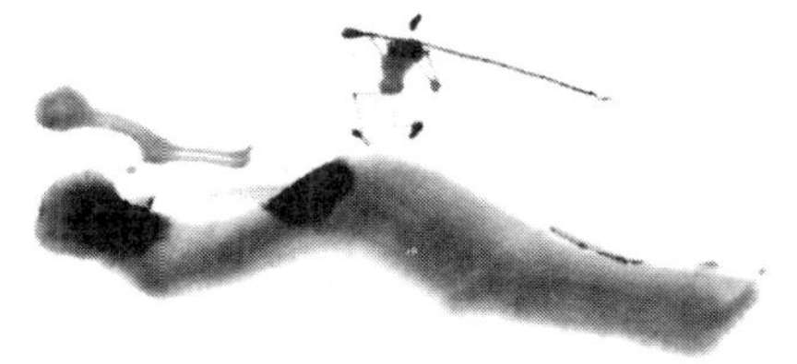

부처님 품안에서

우리도 부처님같이

  우리의 산하(山河)가 고운 꽃으로 장엄(莊嚴)되어 연화장세계(蓮華藏世界)를 이룬 아름다운 계절에 석가모니 부처님(釋迦牟尼佛)께서 만중생(萬衆生)의 어버이로 오셨습니다.

  부처님께서는 과거세(過去世)에 이미 성불(成佛)하시어 생사가 없으신데 무명(無明; 어리석음)을 삶의 주춧돌로 삼고 고통 속에서 끝없이 허덕이는 사바세계(娑婆世界)의 가엾은 우리들을 구제하여 주시고자 자비방편(慈悲方便)으로 인상(人相)을 택하시어 오신 것입니다.

  법화경(法華經)에 이르시기를, "나는 모든 성인(聖人) 중에서 가장 높으며 세간(世間)의 아버지이다. 이 세상은 다 나의 소유며 세상의 중생은 다 나의 아들이거늘 지금 이 세상은 고통이 많다. 오직 나 한 사람만이 그 고통을 구제할 수 있다."고 하셨습니다.

  실로 부처님의 몸은 진리 자체로서 영원한 생명이신 법신불(法身佛)과 무한한 공덕, 온전한 능력을 지니신 보신불(報身佛)과 끝없는 자비, 한없는 자애로서의 화신불(化身佛)을 함께 지니고 계시기 때문에 당연히 성인 중의 성인이요, 인천(人天)의 스승으로 모시는 것입니다.

또한 우리가 스스로 불자(佛子)라 칭(稱)할 수 있는 것은 온 우주에 충만하신 진리의 아버지, 세상의 아버지, 중생의 아버지이신 부처님을 의지하기 때문입니다.

부처님께서는 우리를 연민(憐愍)하시어 늘 우리에게 밝은 태양처럼 지혜와 복덕의 가피를 차별없이 베푸시는데 우리가 업(業)에 눈먼 장님인지라 태양 아래서도 어둠에 헤매이듯 부처님의 자비 안에서도 진리의 빛을 보지 못하고 스스로 두려움에 떨며 답답하고 가엾게 살아가고 있는 것입니다.

과거 전생부터 쌓아온 업장(業障)이 두터워서 믿음은 적고 의심은 많고, 지혜는 적고 어리석음은 많으며, 순진하지도 정직하지도 못하니 부처님께서 평생을 그토록 간절하게 우리들에게 해탈(解脫)의 길, 진리의 길, 행복의 길을 보여주셨어도 선뜻 나서지 못하고, 설사 나서도 꾸준히 가지 못하고, 지혜의 약, 지족(知足)의 약, 안심(安心)의 약을 주셔도 선뜻 먹지 못하고, 설사 먹어도 꾸준히 먹지 못하고, 금강(金剛)의 옷, 자비의 옷, 왕생(往生; 극락왕생)의 옷을 주셔도 선뜻 입지 못하고, 설사 입어도 꾸준히 입지 못하고, 여우처럼 이리저리 의심을 품고 원숭이처럼 경망스럽게 움직이다 경계(境界)에 부딪치면 욕심내고 성내고 어리석음만 키워서 생사심(生死心) 속에서 다람쥐 쳇바퀴 돌 듯이 끝없는 생사윤회를 하는 것입니다.

이제 생사의 굴레에서 지난날을 참회하며 오늘 '부처님 오신 날'에 우리 모두 새롭게 부처님의 품에서 반듯한 아들 딸로 거듭 태어나야 겠습니다.

화엄경(華嚴經)에,

"부처님께서는 온 우주 법계(法界)에 충만(充滿)하시어 모든 중생 앞에 나타나 계시도다. 인연에 따라 감응하지 않는 곳이 없으시나 항상 본래의 자리(菩提座)에 계시도다."라는 말씀이 있습니다.

이는 부처님의 몸은 생(生)이 없으시되 능히 중생들을 위하여 출생함을 보이시나 그 법성(法性)은 허공과 같으시니 늘 그 자리에 머무신다는 뜻입니다. 이처럼 여실(如實)히 진리 속에서 오셔서 정각(正覺)을 이루시는 모습을 보여주시며 우리에게 해탈의 희망을 주신 부처님의 뜻에 따라 참으로 불자다운 서원(誓願)을 세우고 실천하는 수행자가 되어야겠습니다.

세상에 우리와 함께 사는 축생(畜生)들도 보면, 제비는 알에서 깨어나면 창공을 날려고 날개짓을 배워서 날고, 숭어는 알에서 깨어나면 큰 물에 나가려고 물살을 헤치는데 우리는 인간으로 태어나 다행히 창공보다 넓고 바다보다 깊은 불법(佛法)을 만났는데 한갓 미물(微物)보다도 못하게 목적 없는 인생을 살아서야 되겠습니까? 이제부터라도 우리는 언제 어디서나 자나깨나 앉으나 서나 말할 때나 침묵할 때나 가나 쉬나 여럿이 있을 때나 혼자 있을 때나 오직 부처님의 가르침에 의지하여 깨달음을 향해 정진(精進)하여야겠습니다.

우리가 오색의 마니보주(摩尼寶珠)를 구하려면 거센 파도를 두려워하지 않고 용왕(龍王)이 사는 큰 바다로 들어가야 하듯이 부처님과 같이 깨달음을 얻기 위해서는 부처님께서 보여주신 수행문(修行門)으로 들어가야 할 것입니다. 그 길이 고행문(苦行門)일지라도…

제가 출가(出家) 후에 살아온 세상을 가만히 생각해 보면 이 세상에서 노력한 만큼 한 치의 오차도 없이 얻어지는 것은 도(道)밖에 없고 닦는 만큼 없어지는 것은 업장(業障)밖에 없다는 확신이 섭니다.

마음 밭에 뿌린 씨앗만이 영원한 보물로 영혼과 함께하는 것입니다. 인생살이에 있어서 부귀영화(富貴榮華)가 도를 통하는 것보다 중요한 것이라면 부처님께서도 부모님과 처자와 나라를 저버리고 출가하시어 고행을 하시지 않았을 겁니다. 우리 불자는 모름지기 부처님의 거룩하신 언행(言行)을 따라해야 하니 어린아이가 어른을 흉내내며 자라다 마침내 어른이 되듯 부처님의 삶을 흉내라도 내다보면 어느덧 정도(正道)에 들어 바른 불제자(佛弟子)로 성숙될 것입니다.

영명지각 선사(永明智覺禪師)의 가르침에 보면, "예불(禮佛)이란 부처님의 덕을 공경함이요,

염불(念佛)이란 부처님의 은혜에 감사함이요,

지계(持戒)란 부처님의 행을 실행함이요,

간경(看經)이란 부처님의 이치(理)를 밝힘이요,

좌선(坐禪)이란 부처님의 경계(境)에 도달함이요,

참선(參禪)이란 부처님의 마음에 계합(契合)함이요,

득오(得悟)란 부처님의 도를 증득(證得)함이요,

설법(說法)이란 부처님의 원(願)을 증득함이라."고 하셨습니다.

오늘날 수행의 풍토(風土)를 분석해 보면 수행의 방법에는 거짓과 진실이 없으나 사람에게 그 허물이 있고, 법에는 높고 낮음이 없

으나 사람에게 분별이 있는 것이며, 도는 항상하나 사람이 멀리 했다 가까이 했다 하는 것이니 모름지기 마음 공부는 안 되는 것이 아니라 안 하는 것이라고 생각합니다.

오늘같이 뜻깊은 날, 부디 '석가모니 부처님 오신날'로만 봉축(奉祝)하는 데 만족하지 마시고 내 마음의 부처님도 찾아 맞이하야 하며 밤을 밝히는 등을 다는 것으로만 만족하지 마시고 진실로 부처님의 자비광명이 우주에 충만하시길 기원하며 중생의 마음마다 무명을 제할 지혜의 등을 밝혀야겠습니다.

바람 앞에서 꺼지지 않았던 빈녀(貧女)의 일등(一燈)처럼 온 법계(法界)와 중생을 밝히는 서원으로 등을 켜서 무량한 공덕을 지으시길 바랍니다. 오늘 큰 서원으로 '부처님 오신날'을 찬탄한 인연으로 세세생생(世世生生) 부처님 나라에 태어나서 부처님이 되시길 축원합니다.

성불(成佛)합시다.

- 부처님 오신 날

깨달음을 향한 출가

출가(出家)하여 도(道; 깨달음)를 이루리라는 일념으로 한 평생 정수리에 법계(法界)에 충만하신 부처님과 보살님을 모시고 가슴속에는 고귀한 가르침을 담고 정도(正道)의 수행을 쉼 없이 할 수 있는 것이 어찌 금생(今生)의 발심(發心)과 서원(誓願)만으로 이루어질 수 있는 복이겠습니까?

실로 이 큰 복은 과거 전생부터 헤아릴 수 없는 생을 거듭하면서 세운 흔들림 없는 서원의 힘과 올곧은 수행의 힘으로 인연된 결과라 생각합니다. 하늘을 덮고 땅을 덮고도 남는 복이 있어야 출가해서 장애 없이 원만한 수행을 할 수 있습니다.

처음 출가할 때에는 살을 베어내듯 뼈를 깎아내듯 정든 사람과 재물, 명예를 세속(世俗)에 두고 떠나기가 힘도 들겠지만 생로병사의 모진 굴레에서 벗어나서 대자유인이 되는 길은 출가의 길이 가장 확실하고 반듯하고 쉬운 지름길이라 확신하면 어려울 것도 없습니다. 저녁 안개처럼 퍼져 가는 온갖 망상을 쉬고 이 육신은 상처나 종기와 같아서 소중히 할 것도 가볍게 할 것도 없이 수행에 마장(魔障)이나 일으키지 않도록 검박(儉朴)하게 보살피며, 항상 정신은 칼 끝 위에 서 있는 것처럼 정진해 가다보면 언젠가는 씨앗이 자라

열매를 맺듯 오도(悟道)해서 허망한 오온가(五蘊家; 색·수·상·행·식)를 벗어나고 궁극에는 삼계가(三界家; 욕계·색계·무색계)도 벗어나게 될 것입니다.

처음 길을 떠나는 두 나그네의 첫 몇 걸음은 어디를 향하나 별 차이가 없으나 천 걸음 만 걸음에 다다르면 동쪽을 향한 첫 걸음은 동에 있고, 서쪽을 향한 첫 걸음은 서에 있으며 산을 향한 첫 걸음은 산에, 바다를 향한 첫 걸음은 바다에 있게 되는 법이니 사람으로 태어나 도(道)를 흠모하고 출가 수행의 길에 당당히 서 있다면 이보다 더 멋진 삶의 출발점이 어디 또 있겠습니까?

문수보살(文殊菩薩)님께서 금색여인(金色女人)을 출가시키시며 이르시기를, "보살의 출가는 자신만이 머리를 깎고 가사(袈裟)를 입고 계행을 지니고 고요한 곳에 살면서 열반(涅槃)에 드는 것을 출가라 하지 않는다. 크게 정진하는 마음을 내어 일체 중생의 번뇌를 끊으며 계율을 지키지 않는 이에게 깨끗한 계율을 지키게 하고 생사에 윤회하는 이로 하여금 해탈(解脫)을 얻게 하며 사무량심(四無量心)을 넓혀 중생을 두루 이롭게 하고 중생들로 하여금 큰 열반에 들게 하여야 그것을 출가라 한다."고 하셨습니다.

오늘 석가모니 부처님의 출가일을 맞이하는 법회 자리에서 다시금 깊이 그 뜻을 새기고 잊지 말아야겠습니다.

우리는 출가한 그날부터 이 몸이 부모님께 받은 단순한 육신이 아니라 부처님의 법을 담고 다니는 법구(法具)라 생각하고 항상 구법(求法)의 자세로 살아가야 합니다. 화엄경(華嚴經)에서 53선지식(善知識)을 찾아가는 선재동자(善財童子)처럼 순진무구한 수행자의

정신으로 늘 부처님과 스승님과 부모님과 시주님과 도반들에 감사
드리며 섬기는 마음으로 살아야 합니다.

출가수행자가 한 순간 선한 마음을 일으키면 부처님께서 마왕의
궁전에 앉으시고 또 한 순간 나쁜 마음을 일으키면 마왕이 부처님
의 법당에 살게 되는 것이니 지혜로운 마음으로 계율(戒律)과 선정
(禪定)을 익히고 탐욕과 분노의 어리석은 마음을 털어버리면 형상
이 아무리 남루하더라도 단정하고 위엄 있는 위의(威儀)에 모든 이
들이 믿고 따를 것입니다.

세상에 출가할 뜻이 있는 사람은 많으나 참으로 세연(世緣)을 끊
고 쾌락을 등지고 출가하는 사람은 흙 속의 금과 같이 귀한데 우리
는 다행히 출가를 하였으니 항상 머리에 붙은 불을 끄는 것처럼 번
뇌의 불꽃을 끄고 불도(佛道)를 이루어야 합니다. 형상만 출가하고
마음은 세속의 늪에서 허덕이면서 시주물(施主物)을 먹고 사는 출
가자는 죄인과 다름이 없으니 왜냐하면 부처님께는 반역죄(反逆罪)
를 짓고 부모님께는 불효죄(不孝罪)를 짓고 나라에는 불충죄(不忠
罪)를 짓기 때문입니다.

몸과 마음이 치우침없이 오직 출가자다워야지 몸은 출가자의 형
상을 하고 마음은 속인(俗人) 그대로 있어서 늘 세속인과 더불어 세
상사 돌아가는 것에 정신을 쏟고 세월을 허비하면 불난 집 같은 세
상에 산중에서 생긴 기름까지 가져다 불을 지피는 위태로운 승려
가 되는 것이니 오히려 몸은 세인(世人)이나 마음은 세상사를 벗어
나려고 애쓰는 공부인보다 못한 처지가 됩니다.

부디 대중스님들께서는 형상의 출가에 만족하지 마시고 선지식

(善知識)을 만난 인연에도 자만하지 마시고 늘 하심(下心)하며 아상
(我相)을 버리고 상불경보살(常不輕菩薩)님과 같은 자세로 생활하여
야 합니다.

법화경(法華經)에 나투신 상불경보살님께서는 항상 만나는 사람
들마다에게 "나는 당신들을 가벼이 여기지 않습니다. 당신들도 앞
으로 해탈할 수 있습니다." 라고 찬탄하셨습니다. 참다운 수행자는
이처럼 상대가 어떤 중생이든 가볍게 보지 않고 자비심을 가지고
공덕을 베풀며 중생의 미래에 희망을 가지고 모든 중생이 깨달음
을 얻는 그날까지 큰 원력으로 보살펴 주십니다.

논어(論語)에 보면 세속의 어진 학자도 "아침에 도를 들으면 저
녁에 죽더라도 좋으리라." 라고 말씀하시며 도에 목숨을 거는 훤출
한 장부의 길을 가는데 삼계의 대도사를 모시고 사는 출가수행자
가 어찌하여 도를 이루는 길에 고통이 따른다고 두려워하며 가던
길을 멈출 수 있겠습니까?

향기로운 나무는 토막토막 나누어도 향기가 나듯이 오직 깨달음
을 향한 출가의 길이 한 걸음 한 걸음 반듯 반듯하게 이어져 자리이
타(自利利他)의 보살도로 펼쳐지길 바랍니다.

다시금 부처님께서 출가하신 날을 봉축하며 맞이하고 우리 대중
도 참다운 출가자의 정신을 되새기며 이 시대의 올바른 출가자상
을 정립하여서 안일과 나태의 지난날을 참회하고 성불(成佛)의 그
날을 향해 새로운 각오로 출발합시다. 도를 향해 떠나는 매일매일
순간순간이 언제 어디에 있든 출가입니다.

— 부처님 출가일

우리의 소원은 성불

교법(敎法)의 바다는 아난 존자(阿難尊者)의 입을 통해서 넘쳐났고, 선(禪)의 등불은 가섭 존자(迦葉尊者)의 마음에 의해서 전해졌는데 말이 아니면 말 없음을 나툴 수 없고, 형상이 아니면 형상 없음 또한 나툴 수 없으니 부득이 설법의 자리(法座)에 올랐습니다.

부처님께서 성도(成道)를 하시고 최초에 이르시기를, "내가 보리수 아래에서 깨달음을 얻었을 때 일체의 중생들이 바른 깨달음을 얻었고 일체의 중생들이 열반에 든 것을 보았다. 한 중생도 부처의 지혜를 갖추지 않은 이가 없지만 단지 망상과 집착으로 인해 그것을 깨닫지 못할 뿐이다. 내가 이제 성스러운 도로써 가르쳐 그 망상을 영원히 여의고 자기 몸 가운데 있는 부처의 넓고 큰 지혜를 나와 다름없이 깨닫게 해주겠다."라고 하셨습니다.

즉 한 중생이 고행을 통해서 부처님이 되시고 나니 함께 숨쉬고 사는 모든 중생이 다 중생이 아니라 본래 부처님인데 그 사실을 알지 못해서 중생이라고 자칭하며 서로 어울려 살아왔다는 것입니다. 어린아이들이 자랄 때 말을 할 수 있는 정상적인 아이도 말 못하는 부모님 밑에서 자라면 말을 못하고 걸을 수 있는 건강한 아이도 서고 걷는 것을 안 가르치면 혼자 걷지 못하는 것처럼 부처님께서 깨달음을 얻기 전까지 중생은 당연히 신(神)에 매여서 고통 속에 살고 구속 속에 살고 정해진 운명 속에 사는 것이라 믿고 신을 향한 가장 충직한 노예가 되는 것이 행복으로 가는 길이라 생각했습니다.

그런데 부처님께서 스스로 생로병사의 고뇌를 근본적으로 해결하시고 영원한 삶의 주인공이 되시어 중생들에게 자유롭게 살아갈 수 있는 해탈문(解脫門)을 열어 보이시니 하근(下根)한 중생들은 어리석기 짝이 없어서 그 뜻을 알아채지 못하고, 덜컥 의심부터 일으키게 된 것입니다.

법화경(法華經)에 이 때의 부처님의 심정을 설하셨는데 요약하자면, "내가 이 세상에 나온 것은 오직 한 가지 큰 인연(一大事因緣) 때문이다. 즉 일불승(一佛乘)으로 바로 중생들에게 부처의 지혜를 열어주고 부처의 도에 들게 하려는 성불(成佛)시킬 목적으로 왔는데 단번에 가르치기엔 중생들의 마음이 너무도 어둡고 어리석고 사악하고 욕심에 젖어있어 제도하기가 참으로 어렵구나. 더욱이 중생들이 나의 뜻을 이해하지 못하고 믿지 않고 헐뜯고 비방하여 그 죄로 지옥에 떨어질 것이니 그렇다고 소승(小乘)만 설할 수도 없으니 과거 부처님들께서 행하신 방편을 따라서 나 또한 삼승(三乘; 성문승, 연각승, 보살승)을 설하리라." 하셨습니다.

제가 오늘 이 자리에서 다시 말씀드리자면 부처님께서 이루셨다는 궁극의 도를 우리도 이룰 수 있다는 것은 일체 중생이 모두 불성(佛性)을 지녔으므로 결국에는 불과(佛果)를 얻게 되는데 단지 중생의 근기(根機)에 맞추어 살살 달래서 공부시키느라 설법을 듣고 해탈을 한 성문승(聲聞乘)과 스승을 의지하지 않고 스스로 십이인연법(十二因緣法)을 깨달은 연각승(緣覺乘)과 육바라밀(六波羅蜜)을 실천해서 스스로도 해탈하고 남도 해탈케 하는 보살승(菩薩乘)을 잠시 방편으로 부처님께서 인정하신 척하신 것이지 결국에는 삼승의 법신(法身)이 평등함을 깨우쳐 일불승(一佛乘)에 들게 함이었습니다.

부처님의 이 크신 자비방편을 알면서도 섣달 초하루부터 산중의 대중스님들과 용맹정진(勇猛精進)하다 오늘 새벽 죽비 소리에 일어나 별을 보며 어찌 아직도 중생의 눈으로 저 별을 보는가 싶어서 실로 스스로 부끄러웠습니다. 산승이 '부처님께서 성도하신 날'이라고 스님들께서 청해주셔서 대법회에 오긴 하였습니다만 올해도 제 자신이 성도한 날이 못 되니 부처님의 뜻을 받들지 못한 처지라 스스로를 경책할 따름입니다.

만공 스님(滿空禪師)께서 "장맛이 짠 줄만 알면 공부할 수 있다."고 하셨고, 역대 조사(歷代祖師)께서는 대도(大道)를 성취해서 법계(法界)를 주름잡으며 무애도인(無碍道人)으로 사바세계를 무대 삼아 훨훨 춤을 추며 배고프면 밥을 먹고, 목마르면 물 마시고, 잠이 오면 잠을 자며, 눈 속에서나 불 속에서나 편안한 가운데 인연 따라 중생을 제도하며 대장부의 삶을 산 것을 생각하면 오늘 법회에서 대중 모두 부처님의 성도만을 찬탄하는 공덕만 지을 것이 아니라 우리도 기필코 성도하리라는 발원을 하고 정진을 다시금 시작해야겠습니다.

천만다행으로 인간으로 태어나 부처님의 가르침은 만났으나 부처님 가신 지가 오랜지라 뜻이 분명한 대승의 수행자는 점점 줄어들고 안일을 좇는 구복자(求福者)만 점점 늘어나다보니 우리나라 불교 역시 수행보다는 기복불교(祈福佛敎) 쪽으로 흘러가는 것 같아서 대단히 아쉬운 감이 있습니다. 그러다 보니 오늘날 불자들은 복을 비는 것을 가지고 도를 닦는 것으로 착각하고 공을 드리며 욕심을 버리라는 부처님의 가르침은 따르지 않고 여섯 도둑(眼·耳·鼻·舌·身·意)의 지시를 먼저 따르고 있으니 복은 늘어가지만 마음 속에 삼악(三惡; 탐·진·치)은 항상 그대로 있는 것입니다.

이제부터라도 참다운 불자의 길을 가려고 원을 세웠으면 마음에서 나도 모르는 사이에 끝없이 일어나는 삼악을 걱정해야지 언제까지 삼악이 시키는 것에 끌려서 기도하려고 합니까?

이 세상의 아무리 훌륭한 명의(名醫)도 삼악을 고치는 약은 만들지 못합니다. 삼악에 찌든 환자는 오직 스스로 고쳐야 할 뿐입니다. 평생 절에 다니며 기도하고 정진하는 불자들 중에 욕심을 채우려고 기도한 사람과 도를 이루려고 정진한 사람을 비교할 때 그 결과에는 엄청난 차이가 있습니다. 재산을 원해서 공을 드렸으면 부자가 될 것이요, 명예를 원해서 공을 드렸으면 명인이 될 것이요, 자식을 원해서 공을 드렸으면 부모가 될 것이요, 깨달음을 원해서 공을 드렸으면 도인이 될 것입니다. 그러므로 뜻을 원대하게 세워서 정진해야 합니다.

음력 4월 8일이 부처님께서 육신으로 이 세상에 오심을 보여주셨다면 음력 12월 8일은 부처님께서 법신(法身)으로 우주에 충만하심을 보여주신 것이니 우리도 모름지기 정진해서 법안(法眼)과

혜안(慧眼)을 갖추어 부처님의 실상(實相)을 친견하고 찬탄하여야
겠습니다. 부처님께서도 "법(法)을 보는 자 나를 보는 것이다."라고
하셨으니 부처님 가신 지 오램을 한탄하지 마시고 오직 가르침에
의지하여 정진하시기 바랍니다. 끝으로 '우리의 소원은 성불' 이라
는 노래를 다같이 불러 봅시다.

"우리의 소원은 성불, 꿈에도 소원은 성불, 이 정성 다해서 성불,
성불이여 오라…."

– 부처님 성도절

오고 감 없는 삶

진리에는 본래 태어남도 없고 죽음 또한 없으며 실상(實相)은 항상 머물고 있는데 어찌 여래(如來)에게 열반일(涅槃日)과 탄신일(誕辰日)이 있어 오고 가심이 있다고 말할 수 있겠습니까?

태양은 항상 스스로 밝은 빛을 내고 있는데 중생들이 공연히 진다 뜬다 하며 낮과 밤을 만든 꼴이요, 꿈속에서는 분명히 생사가 있으나 깨고 나면 꿈속의 생사가 거짓이듯 진리에는 생사가 없는 겁니다. 부처님께서는 인생과 우주에 본래 생사가 없는 도리(道理)를 설하셨습니다.

부처님께서 우리에게 보여 주신 것은 인간이 늙지 않고 죽지 않는 방법이 아니라 우리는 본래 늙을 것도 죽을 것도 없는 영원한 생명이요, 전능한 존재라는 가르침입니다.

부처님께서는 생사대사(生死大事)를 깨달으시고, 우리에게 생사가 없다고 하셨는데 우리가 믿음도 부족하고 지혜도 부족해서 생로병사가 있다고 고집하는 것입니다. 무명연기(無明緣起), 12연기(十二緣起)에도 보면 생사라는 것이 무명(無明; 어리석음) 한 생각에 의해서 생겨난 것이지 본래 있는 것이 아니라는 것입니다. 금강경(金剛經)에 이르시기를,

"수보리(須菩提)야, 어떤 사람이 말하되 여래가 온다거나 간다거나 앉는다거나 눕는다고 한다면 이 사람은 내가 설한 바의 뜻을 알지 못했음이니 무슨 연고냐? 여래란 좇아오는 바도 없으며 또한 가는 바도 없을 새, 그러므로 이름이 여래니라."라고 하셨습니다. 여래의 실체가 이러할진댄 어찌 여래의 그림자만을 쫓고 있을 것입니까?

부처님께서 구시나가라 사라쌍수 아래에서 열반에 드시려 할 때 제자들이 울부짖으며 "부처님께서 열반에 드시면 우리는 무엇을 의지해야 합니까?" 하고 여쭈니 부처님께서 이르시기를 "마땅히 사법(四法)에 의지하여야 하리니 무엇이 사법인가 하면, 법(法)에 의지하고 사람(人)에 의지하지 않으며, 뜻(義)에 의지하고 말(語)에 의지하지 않으며, 지혜(智)에 의지하고 앎(識)에 의지하지 않으며, 요의경(了義經)에 의지하고 불료의경(不了義經)에 의지하지 않는 것이다."라고 하신 가르침이 열반경(涅槃經)에 있습니다.

우리가 흔히 열반에 들었다고 하면 육신의 멸함으로 알고 있는데 본래의 뜻은 번뇌를 끈 상태라는 뜻과 오고 감이 없는 상태, 취(取)할 것이 없는 상태, 부정(不定)이 없는 상태, 장애(障碍)가 없는 상태 등을 말하는 것입니다.

오늘 '부처님 열반일'을 맞이하여 사부대중(四部大衆)께서 부처님께 갖가지 공양물을 올리고 정성껏 기도를 올리시니 제가 진실한 공양에 대해서 장아함경(長阿含經)의 말씀을 전해 드리겠습니다. 부처님께서 열반에 드시려고 누우시니 하늘에서 천신(天神)들이 예쁜 꽃과 훌륭한 과일을 바쳤습니다. 이에 부처님께서 아난 스님(阿難尊者)에게 이르시기를, "여래에게 바치는 참다운 공양은 여래의 법을 올바르게 실천하는 것이다."라고 하셨습니다.

그러므로 대중께서는 이 가르침을 명심하셔서 수행자의 몸과 마음으로 참다운 공양을 올리시기 바랍니다. 부처님께 올리는 가장 아름다운 등공양(燈供養)은 우리의 마음에 지혜의 빛을 밝혀 부처님께 바치는 것이요, 가장 향기로운 향공양(香供養)은 우리의 마음에 중생을 향한 자비의 향기를 부처님께 바치는 것이니 이 몸이 초가 되어 부처님 전을 밝히고 이 몸이 향이 되어 부처님 전을 맑히는 공양을 올려야 가장 큰 공덕을 짓는 것입니다.

부처님의 가르침에 따라 게으름 없이 정진하여서 불과(佛果)를 맺는 것이 천신의 수승한 과일공양보다 더 위대한 공양이요, 부처님의 가르침에 따라 지난 죄업을 참회하고 선업(善業)을 쌓아 자비로 피어나는 미소를 중생들에게 보낼 때 천상의 꽃보다 더 아름다운 꽃 공양을 부처님께 바치는 것입니다.

일체 형상이 있는 것은 영원한 것이 없으니 그저 스쳐 가는 바람으로 알고 꿈이고, 물거품이고, 그림자이고, 이슬 같고, 번갯불 같다고 생각하고 또 우리가 받고 있는 모든 고통과 고난과 번민이 모두 스스로 어리석음으로 시작하여 애착 때문에 일으킨 것임을 깨달아 스스로 놓아 버리고 벗어나야 열반에 이르게 되는 것이니, 꼭 이렇게 되어야만 부처님께 진심으로 공양을 올리는 것이 되고 은혜를 갚는 제자가 되는 것입니다.

불문(佛門)에 든 수행자들이 부처님의 열반에 드신 거룩함에는 비교할 수는 없지만 타종교의 지도자들보다는 초월적이고 감동적인 죽음을 맞이하는 것은 무엇보다도 생사가 본래 없는 도리를 확실하게 깨달아서 생사를 초월해 언제 어디서나 걸림 없이 자유롭게 살다보니 죽음 또한 멋지게 맞이하게 되는 것이라 생각합니다.

한 예로 저 중국의 등은봉 스님(鄧隱峰 禪師)께서는 세상을 떠나실 때 대중 스님들에게 "내가 알아보니 그 동안 앉아서 가고 서서 간 스님들은 많이 계시나 거꾸로 서서 떠난 분은 없으니 이제 내가 그렇게 가겠다."라고 하시고 천장에 거꾸로 매달려 가셨는데 신기하게도 몸은 거꾸로이신데 옷이 뒤집혀 흘러내리지 않았고 제자들이 아무리 당겨도 떨어지지 않으셨습니다.

잠시 후 선사의 누이가 되시는 비구니께서 "노형(老兄)은 평상시에도 율법(律法)을 잘 안 지키고 이상한 행동을 일삼아 대중을 놀라게 하시더니 돌아가실 때에도 대중을 현혹시키는 짓을 하십니까?" 하고 미니 시신이 떨어져 넘어갔습니다.

우리도 생사의 근본도리만 깨달아 증득하면 갈 때를 스스로 알고 마음대로 때와 곳을 택해서 자유자재하게 대해탈의 세계로 갈 수 있습니다. 그러므로 명철한 진리의 세계에서 보면 부처님탄신일이라고 기뻐할 것도 부처님열반일이라고 슬퍼할 것도 없는 것입니다. 오직 부처님의 크신 은혜를 찬탄할 뿐입니다.

끝으로 불교의 역사를 나타내는 불기(佛紀)는 부처님 열반하신 해를 기원(紀元)으로 하는 것을 알려 드리니 이를 입멸연대(入滅年代)라 합니다.

– 부처님 열반일

끝없는 광명 영원한 생명

나무아미타불(南無阿彌陀佛)

한 순간이라도 청정한 마음으로 '나무아미타불'을 염(念)하면 한 보리도량(菩提道場)이 이루어지니 칠보(七寶)로 보배탑을 조성하는 것보다 그 공덕이 더욱 수승합니다. 보배탑은 마침내 부서져 티끌이 되지만 한 순간 염불하면 아미타불의 원력으로 정각(正覺)을 이루게 되고 서방정토(西方淨土) 극락세계(極樂世界)에 왕생(往生)하게 되기 때문입니다.

'나무아미타불'이라는 육자(六字)의 뜻을 설명드리자면, 우선 나무는 범어(梵語)로 나모(Namo), 나마스(Namas)이며 귀의(歸依), 귀명(歸命)으로 목숨을 바쳐서 돌아간다는 의미입니다.

귀의의 뜻을 세부적으로 나누어보면,

첫째, 나의 신명(身命)을 바쳐서 부처님께 돌아간다.

둘째, 나의 신명을 바쳐서 부처님의 가르침을 따른다.

셋째, 나의 신명을 바쳐서 생명의 근원에 돌아간다는 뜻입니다.

또 아미타불에는 두 가지 의미가 포함되어 있는데,

첫째, 아미타바(Amitaba)로 무한한 광명의 바다, 즉 무량광(無量光)이고,

둘째, 아미타유스(Amitayus)로 영원한 생명의 바다, 즉 무량수(無量壽)이니 아미타불이라는 무량광으로 끝없는 우주 공간과 지혜, 무량수로 영원한 시간과 자비의 상징인 부처님을 뜻합니다. 그러므로 아미타 부처님은 모든 부처님의 마음이시며 청정한 불성이시며, 진리의 본성이시며, 생명의 실상인 것입니다.

신라시대에 의상 스님(義湘 大師)께서는 아미타 부처님을 원불(願佛)로 모시고 늘 정토발원(淨土發願: 극락세계에 왕생하기를 기원함)을 하시면서 서방정토에 아미타 부처님께서 상주하심을 믿고 의지하여 항상 어디서든 서방을 등지고 서거나 앉거나 누운 적이 없었습니다. 한번은 의상 스님의 문도(門徒) 중에서 계(戒)를 범한 제자가 있어서 산문에서 쫓겨났습니다. 그는 세속에 살면서도 스승인 의상 스님을 흠모하여 스님의 목상(木像)을 조성하고 조석으로 문안을 지성껏 드렸는데 하루는 스님께서 그 소식을 접하시고 제자에게 이르시기를 "네가 진실한 마음으로 나를 섬겼다면 나는 일생동안 아미타 부처님께서 계시는 서쪽을 등지지 않고 살아왔으니 목상이라도 그리 할 것이다."라고 하셨습니다.

이에 제자가 의상 스님의 상을 움직여 서쪽을 등지게 돌려보시니 목상이 스스로 움직여서 다시 서쪽을 향했습니다. 의상 스님과 대중스님들은 그 제자의 정성을 가상하게 여겨서 죄를 용서하고 다시 산문에 받아들였다고 합니다.

그렇다면 의상 스님께서 그토록 그리워하시던 극락정토가 어떤 곳인지 박(薄)한 수준이지만 아는 대로 말씀드리자면 다음과 같습니다. 극락정토는 아미타 부처님의 본원(本願)으로 건립된 정토인데 불법(佛法)이 수승하고 안락한 국토로서 탁(濁)하고 괴로운 것이 없는 맑고 즐거움만 있는 세계로 영원한 낙토(樂土)입니다. 때로는 안양(安養), 안락(安樂), 안온(安穩), 묘락(妙樂), 무위(無爲), 청정토(淸淨土), 서방정토(西方淨土), 불회(佛會), 열반성(涅槃城), 진여문(眞如門), 무량수불토(無量壽佛土), 밀엄국(密嚴國), 연화장세계(蓮華藏世界)라고도 하는데 사바세계에서 서쪽으로 십만 억 국토를 지나가면 있는 불국정토입니다.

또한 유심정토(唯心淨土) 유심미타(唯心彌陀)라 하여 정토가 다 이 마음 안에 있는 것으로 일체만유(一切萬有)가 모두 일심(一心)이 지어낸 것이라고 하는데 특히 선종(禪宗)에서 강조하는 이법(理法)입니다.

원효 스님(元曉 大師)께서는 유심안락도(遊心安樂道)에서 "증생의 심성(心性)은 융통자재하여 장애가 없고 허공과 같이 태연하고 대해(大海)와 같이 심연(深淵)하다. 그러므로 본체(本體)가 평등하고 본성(本性)이 윤활하여 별상(別相)이 없고 동정(動靜)도 없다. 혹 진풍(盡風)으로 오탁(五濁)이 생긴다 하여도 각(覺)으로써 말할 때는 예토(穢土)와 정토, 생사와 열반이 모두 일심이다."라고 말씀하셨습니다. 다시 말씀드려 극락세계는 마음 쓰기에 따라서 지금 이곳이 될 수도 있다는 것입니다.

요즈음 우리 나라는 선종의 영향력으로 유심정토사상을 중요시하여 정토수행의 요지(要旨)로 삼는 데 비하여 처음 불교가 전래되었던 가야시대나 삼국시대에는 서방의 극락세계에 왕생하기 위해서 염불을 했던 기록이 많이 남아 있습니다.

일연 스님(一然 大師)께서 쓰신 삼국유사(三國遺事)에 보면 "신라 경덕왕 때 욱면(勖面)이라는 귀진(貴珍)의 여자 노비가 있었는데 욱면은 만일염불회(萬日念佛會)에 동참한 귀진을 따라서 미타사(彌陀寺)에 다니면서 졸리면 손바닥에 구멍을 뚫고 실을 걸어서 나무에 매놓고 지성껏 '아미타불'을 염했다. 그런데 하루는 기도 도중에 욱면의 몸이 솟구쳐 법당 지붕을 뚫고 서쪽 하늘로 올라가다 소백산에 이르러 신 한 짝을 떨어뜨리고 그 산기슭에 육신을 남기고 왕생극락하였다. 후에 사람들이 신이 떨어진 자리에 보리사(菩提寺)를 짓고 육신을 남긴 자리에 제 2보리사를 짓고 법당의 이름을 욱면등천지전(勖面登天之殿)이라 하였는데, 욱면이 날아가면서 뚫린 열 아름이나 되는 미타사 법당의 구멍은 눈비가 내려도 젖지 않았다."고 적혀 있습니다.

또 "혜공왕 때에는 금강산 건봉사에서 만일회를 열어 2백여 대중이 모여서 '나무아미타불'을 염하다 그 중 31명의 스님께서 기도 회향일에 서방의 극락세계를 향하고 앉아서 합장한 채 열반에 드셨다."고 적혀 있습니다.

그 후부터 오늘에 이르도록 헤아릴 수 없이 많은 분들이 아미타 부처님을 의지해서 편안하게 살다 편안하게 가셨으니 염불하는 것보다 더 중요하고 급한 것이 또 무엇이 있겠습니까?

이 좋은 염불을 누가 말린다고 안 할 것입니까? 그저 부지런히 최선을 다해서 염불할 뿐입니다. 염불만 열심히 하면 업장도 소멸되고 복도 자라고 도(道)도 통하게 됩니다.

부처님께서도 "나는 일찍이 수행할 때에 염불로써 무생법인(無

生法忍)에 들었다."라고 능엄경(楞嚴經)에서 말씀하셨습니다. 부디 대중들께서는 일념으로 '나무아미타불'을 염불하셔서 세상 가운데 밝은 빛이 되고 모든 생명들 가운데서 향기로운 연꽃으로 피어나십시오.

항상 염불하는 이 몸이 연화대가 되어서 아미타 부처님을 모시고 다니겠다는 서원을 세우고 영원히 서방정토를 향해 정진하십시오.

부디 극락왕생합시다.

－아미타재일

정성을 다하여

화엄경(華嚴經)에 이르시기를, "믿음(信)은 도(道)의 근원이요, 공덕의 어머니로서 모든 선(善)의 뿌리를 길러낸다"고 하셨습니다. 진리에 대한 확고한 믿음이 수행문(修行門)으로 들어가는 가장 중요한 재산이 됩니다.

금일 대중 가운데 지금은 비록 어리석은 불자(佛子)이나 스스로 어리석은 줄 알아서 부처님을 굳게 믿고 그 가르침을 따라서 부지런히 수행하면 훗날 기필코 도를 이루어 대자유인(大自由人)이 될 것이요, 또 지금은 복과 명예와 지식이 있는 불자(佛子)라도 스스로 지혜롭다고 자만해서 남을 업신여기고 수행을 게을리 하면 영원히 중생의 굴레에서 벗어나지 못할 것입니다.

믿음과 겸손은 흐린 물을 맑게 해주는 마니보주(摩尼寶珠)와 같아서 우리의 탁(濁)한 업(業)을 씻어주는 그 가치를 헤아릴 수 없는 보배입니다. 이 세상에서도 맑은 물에만 산천초목의 모습이 그대로 비춰지고 깨끗한 거울에만 우리의 모습이 생긴 그대로 비춰지는 법이니 기도를 할 때는 오직 번뇌 망상 없는 천진(天眞)한 마음으로 '관세음보살(觀世音菩薩)'을 간절하게 생각해야 합니다.

한 순간만이라도 오직 관세음보살님을 생각하면 관세음보살님께서는 우리의 업을 다 아시기에 우리의 업장(業障)을 소멸해 주시지만, 만일기도(萬日祈禱)를 하면서도 믿음이 얕고 뜻이 바르지 않거나 정밀(精密)하게 이어가지 못한다면 그 누구도 원(願)을 이루기 어렵습니다.

본래 도(道)에는 멀고 가까움이 없고 부처님의 가피에는 빠르고 더딤이 없으나 기도드리는 불자들에게 간절함과 안일함이 있기 때문에 기도성취의 차이가 있는 것입니다. 기도자 개인에 따라 업에도 차이가 있고 원에도 차이가 있고 정성에도 차이가 있다 보니 자연히 사람에 따라 차이가 다르게 보이고 절에 따라 다르게 보이고 명호(名號)에 따라 다르게 보이고 경전에 따라 다르게 보이는 것이지 근본에는 털끝만치도 차이가 없는 것입니다. 게으르고 어리석은 불자님들이 공연히 무리를 지어서 영험(靈驗)을 운운하며 도깨비불처럼 동에 번쩍 서에 번쩍 몰려다니는 것입니다.

영명 스님(永明禪師)께서는 "믿기만 하고 알지 못하면 무명(無明)이 더욱 자라고, 알기만 하고 믿지 않으면 삿된 소견이 더욱 자란다."라고 말씀하셨습니다. 이 가르침을 잘 생각해 보면 올바른 신앙생활을 하려면 믿음과 앎이 서로 겸해져야 한다는 것을 알 수 있습니다.

기도를 하더라도 경전을 읽고 배우면서 정진해야지 바른 원에 바른 행을 이루는 것이지 무조건 각자의 생각만으로 기도를 하면 자신에만 치우치는 어리석음에 빠지게 됩니다.

저는 오늘 '관세음보살님'에 대하여 법화경(法華經)의 관세음보살보문품(觀世音菩薩普門品)의 말씀을 토대로 하여서 설명드리고자 합니다.

보문품에 보면 부처님께서 무진의보살(無盡義菩薩)님에게 이르시기를 "관세음보살님은 사바세계의 중생이 고통이 있을 때 일심으로 관세음보살님의 명호를 부르면 관세음보살님께서 당신의 명호를 부르는 자의 마음을 잘 관찰해서 모든 고통을 제거해 주신다"라고 하셨습니다. 또 언제 어디서나 관세음보살님께 일심으로 공양(供養)드리고, 일심으로 예배(禮拜)드리고, 일심으로 칭명(稱名)하면 칠난(七難)과 삼독(三毒)을 소멸하고 이구(二求; 자·녀)를 성취하게 된다고 말씀하셨습니다.

칠난의 소멸이란,

첫째, 화난(火難)으로 불을 만나도 불의 난을 당하지 않고,

둘째, 수난(水難)으로 큰 물 바다, 강에서도 물의 난을 당하지 않고,

셋째, 풍난(風難)으로 폭풍을 만나더라도 바람의 난을 당하지 않고,

넷째, 험난(險難)으로 험악한 지중에 이르더라도 난을 당하지 않고,

다섯째, 귀난(鬼難)으로 일체 악귀, 잡귀, 귀신을 만나더라도 난을 당하지 않고,

여섯째, 옥난(獄難)으로 일체 감옥에 갇히는 난을 만나더라도 화를 당하지 않고,

일곱째, 적난(賊難)으로 많은 도둑들을 만나더라도 화를 당하지 않는 것을 말하며,

삼독의 소멸이란 첫째, 탐심(貪心)이 마음 속에 꽉 차 있더라도 관세음보살님께 기도하면 탐심이 저절로 없어지는 것이며, 둘째, 음욕(淫欲)이 많은 사람이라도 관세음보살님께 기도하면 음욕이 저절로 없어지는 것이며, 셋째, 어리석음(疑心)이 많다고 하더라도 관세음보살님께 기도하면 어리석음이 다 없어지는 것을 말합니다.

우리가 관세음보살님께 정성을 드리면 온갖 두터운 업장이 소멸될 뿐만 아니라 자녀를 원하면 복덕이 구족하고 단정한 남아(男兒)나 효순한 여아(女兒)를 얻을 수 있으니 이를 일러 이구를 성취한다고 하는 것입니다.

우리 나라에는 관음신앙(觀音信仰)이 뿌리가 깊어서 전하여지는 영험설화(靈驗說話)가 헤아릴 수 없이 많은데 우선 제가 사는 덕숭산 수덕사(德崇山 修德寺) 대웅전(大雄殿)의 창건연기(創建緣起)도 관음영험담이라 할 수 있습니다.

수덕사는 관세음보살님께서 수덕(修德) 각시로 화현해 오시어 화주(化主)가 되어서 건립하신 것입니다.

또 저 설악산 오세암(五世庵)은 5세의 동자가 한해 겨울 동안 혼자 지낸 도량인데 이는 관세음보살님께서 여인으로 화현하시어 동자에게 밥과 젖을 먹이며 보살펴 주셨기 때문입니다. 저도 늘 관세음보살님께 감사드리는 마음으로 살아가는데 제 자신이 관세음보살님의 가피로 오늘 이 자리에까지 앉게 된 것에 대해 말씀드리겠습니다.

제가 몇 년 전에 갑자기 심근경색으로 어려운 고비를 넘기고 기적적으로 살아서 병실에 있을 때 일입니다. 그 때 제게 찾아오시는 분마다 쉬기를 권했고 의사선생님께서도 단호하게 절대 안정을 취하지 않으면 안 된다고 말했습니다. 하지만 저는 관세음보살님께 발원한 것을 이루어야 된다는 집념으로 병원에서 퇴원하자마자 곧장 주지실로 돌아와서 불사를 계속했습니다. 그 이유는 제가 수덕사 주지 임명을 통보받고 진산식(晉山式) 날을 정하고 칠일간 관세음보살님께 기도를 드리며 발원하기를 "관세음보살님이시여, 제가 중창불사(重創佛事)를 하다가 살이 녹아내리고 뼈가 닳아서 빠져도 제 마음 속에 그려온 수덕사의 불사가 이루어지기 전에는 결코 물러서지 않겠사오니 업이 많은 이 중생을 어여삐 여기시어 모든 장애를 소멸하여 주시고 불사가 원만하게 회향되도록 가피를 주시옵소서."라고 하였기 때문입니다.

평생을 부처님 덕에 살아온 제가 어떻게 관세음보살님께 스스로 발원하고 맹세한 것을 어길 수 있었겠습니까? 남이야 뭐라 하든 산소호흡기를 꽂아가며 죽을 보온통에 넣어가지고 다니면서 더욱 불사에 심혈을 기울였습니다. 어차피 떠나야 할 운명이라면 서원을 지키다 가야 한다는 생각과 또 한편으론 병고(病苦)가 단명(短命)과 이어지는 것은 아니라는 생각을 했던 것입니다.

그렇게 편안한 마음으로 기도하며 지내다 보니 불사도 원만히 이루어져가고 건강도 차차 회복되었습니다. 금생에는 비행기를 타서는 안 된다고 의사선생님께서 말씀하셨으나 불사를 위해서 꼭 타야 할 경우가 있었습니다. 그럴 때마다 (미리) "관세음보살님…" 하며 기도하고 타니 비행기를 타도 별 무리가 없었고, 뜻도 이룰 수 있었습니다.

이제는 그 누구보다도 왕성한 활동을 하며 지내게 되었는데 이 모든 것이 관세음보살님의 가호가 아니었으면 불가능한 일이라는 생각이 듭니다. 또한 관세음보살님의 은혜로 덤을 얻어 산다는 생각으로 남은 인생은 관세음보살님을 찬탄하는 불사에 바치려고 합니다.

그럼 다시 관세음보살님에 대하여 말씀드리겠습니다. 우리는 반야심경(般若心經)에 보면 관세음보살님을 관자재보살(觀自在菩薩)님이라고 하는데 왜 그런가 평소 궁금하게 생각하신 분들이 있을 것입니다. 그 뜻을 살펴보면 비관자관(悲觀慈觀)으로 중생에 응(應)하시는 덕에 의하여 말하는 연고로 관자재보살님이라고 하며 또한 진관정관(眞觀淨觀)으로 마음을 비추시는 공(功)에 의하여서 관자재보살님이라 합니다.

천수경(千手經)에는 관세음보살님의 신통묘용(神通妙用)을 찬탄한 '신묘장구대다라니(神妙章句大陀羅尼)'가 있는데 예로부터 이 다라니를 주력하여서 신통가피(神通加被)를 얻은 분이 많이 계신데 구한말 동학사 조실(東鶴寺 祖室)로 계시던 경봉 강백(鏡峯 講伯) 스님께서는 평생 동안 한 번이라도 들으신 것은 잊어버리지 않는 불망념지(不忘念智)를 얻으셔서 항상 책 없이 강의를 하셨다고 합니다.

기도만 열심히 하면 무엇인들 못 이루겠습니까? 우리가 기도를 열심히 하지 않고 바라기만 하는 것이 꼭 떡 설게 쪄놓고 밥 설게 쪄놓고 상대에게 "맛있게 잘 먹었다."고 인사 받으려는 것과 같으니 성취가 원만히 이루어지지 않는 것입니다.

기도는 처음 시작하는 그 마음으로 끝까지 해야 되는데 높은 사다리에서 처음에는 조심조심 내려오다가 한두 칸 남겨놓고 홀짝 뛰어내려서 발목 삐고 뒤로 홀랑 자빠지듯이 뭔가 좀 잘 되어간다 싶으면 그만 안일에 빠져 기도를 쉬어서 스스로 장애를 일으켜서 고통을 받게 됩니다.

기도란 그저 순수한 마음으로 면밀히 이어서 해야지 조금 하고서 '이만하면 되겠지' 하고 자만해서는 안 됩니다. 떡이 설 때는 다 이유가 있는 법입니다. 정성을 다하면 법(法)도 통하고 모든 세계의 관세음보살님과도 다 통하게 되어 있으니 나의 정성이 부족함을 항상 살피고 걱정해야지 관세음보살님의 가피가 있고 없는 것은 걱정할 것이 없습니다. 어린아이가 배고파 울 듯이 전후사정 생각 없이 기도만 하십시오.

아무쪼록 오늘 법회에 동참하신 불자님들께서 항상 관세음보살님과 일체 중생에게 정성을 다하는 수행을 하셔서 대자대비하신 관세음보살님의 가피를 입으시고 지혜와 복덕이 구족하여 지시기를 축원하면서 이만 단에서 내립니다.

- 관음재일

최후의 한 생명까지도

부처님께서 도리천(忉利天)에 오르시어 석 달을 머무시며 법(法)을 설하셨으니 이로써 지장경(地藏經)이 이루어졌습니다.

지장경은 지장보살님에 대한 말씀이 주된 내용인데 지장보살님이 어떤 분이신가 하면 지지(指地)보살님, 묘당(妙幢)보살님, 무변심(無邊心)보살님이라 칭하기도 하며 도리천에 계시면서 석가모니 부처님의 부촉(付囑)을 받고 매일 아침 선정(禪定)에 들어 중생의 근기를 관찰하시며 석가모니 부처님께서 입멸(入滅)하신 뒤부터 미륵 부처님께서 출현할 때까지 몸을 육도(六道; 천도, 인간도, 수라도, 축생도, 아귀도, 지옥도)에 나타내시어 천상(天上)에서 지옥(地獄)까지의 일체 중생을 교화하시는 대자대비하신 보살님이십니다.

보살형(菩薩形)의 형상은 천관(天冠)을 쓰시고 가사를 입으시고 왼손에 연꽃을 드시고 바른손으로 시무외인(施無畏印)을 하시거나 보주(寶珠)를 들기도 하시며 비구형(比丘形)의 형상은 왼손에 보주를 드시고 바른손으로 석장(錫杖)을 짚고 계신 모습이 많습니다.

지장경에 문수사리보살(文殊舍利菩薩)님께서 부처님께 여쭙기를 "지장보살마하살은 수행 시에 어떠한 행을 닦았으며, 어떠한 원력을 세웠습니까?" 하시니, 부처님께서 이르시기를 "지장보살님은

헤아릴 수 없는 오랜 겁 이전에 사자분신구족만행여래시(師子奮迅
具足萬行如來時)에 장자(長者)의 아들로 태어나 서원을 세우셨다"고
하시니, 그 서원의 내용은 "나는 지금부터 미래세에 가히 헤아릴
수 없는 겁이 지나도록 죄업으로 고통받고 있는 육도중생(六道衆
生)들을 위하여 모든 방편(方便)을 사용하여 그들을 모두 해탈케 하
고서야 비로소 나 자신도 불도를 이루리라" 하신 것입니다.

지장보살님께서는 그 때부터 지금까지 백천만억 나유타(那由
陀) 불가설겁(不可說劫) 동안 항상 보살행을 닦았습니다. 각화정자
재왕여래시(覺華定自在王如來時)에는 바라문(婆羅門)의 후손으로
아버지 시라선견(尸羅善見)과 어머니 열제리(悅帝利)의 딸로 태어
나셨는데 그 어머니는 인과를 믿지 않으시고 항상 삼보(三寶; 불·
법·승)를 가벼이 여겨서 사후에 무간지옥(無間地獄)에 떨어졌습니
다. 이에 어머니를 위하여 집을 파시어 널리 향과 꽃 등의 여러
가지 공양구를 갖추시고 부처님을 모신 탑사(塔寺)에 나아가시어
지극한 정성으로 예(禮)를 올리시고 스스로의 몸을 부딪치시어 팔
다리가 모두 상하도록 목숨을 바쳐서 부처님께 기도를 드리시니
그 공덕으로 어머니가 천상에 나셨습니다. 그 때 지장보살님께서
원을 세우시기를 "원하옵건대 저는 미래 겁이 다하도록 죄업으로
고통받는 중생들이 있으면 널리 방편을 베풀어 제도하겠습니다."
라고 하셨습니다.

또 지장보살님께서 일체지성취여래시(一切智成就如來時)에는 왕
으로 계시면서 "만일 죄를 지어 고통받는 중생이 있으면 먼저 제도
(濟度)하여 그들로 하여금 편안케 하고 깨달음을 이루지 못하면 마

침내 홀로 성불하기를 원하지 않겠노라"고 하셨습니다.

또 청정연화목여래시(淸淨蓮華目如來時)에는 광목녀(廣目女)로서 생전에 가지가지 물고기와 자라 고기 알을 천만 마리도 넘게 즐겨 먹고 지옥에 떨어진 어머니를 구제하기 위하여 나한(羅漢)님의 말씀을 듣고 아끼던 물건을 정리하여 부처님을 그려 모시고 공양을 올리니 얼마 뒤에 지옥에 떨어졌던 어머니가 광목녀의 집 하녀의 자식으로 태어났습니다.

그런데 이 때 지장보살님께서 부처님께 맹세하시기를 "오늘부터 무수한 세계의 지옥과 삼악도에서 고통받고 있는 모든 중생들을 맹세코 제도하여 지옥, 축생, 아귀의 몸에서 영원히 벗어나게 하며 이와 같은 무리들을 모두 다 성불하게 한 뒤에 제가 비로소 올바른 깨달음을 얻도록 하겠습니다."라고 하셨습니다.

이렇듯 지장보살님께서는 과거 오랜 겁을 지나오는 동안 모든 중생을 자비로써 불쌍히 여기시고 항하사의 모래알과 같은 많은 서원을 세우시고 널리 제도하셨습니다. 그러므로 오늘 법회에 오신 대중께서도 단지 손가락 한 번 퉁기는 사이라도 지장보살님께 귀의하시면 곧 삼악도의 죄업에서 풀려날 것이며, 만일 지극한 마음으로 귀의하고 공경하고 예배 찬탄하시면 내세에는 항상 하늘에서 안락을 누리고 살며, 다시 인간세상에 태어나더라도 능히 제왕이 되어서 숙세(宿世)의 인과를 기억하게 될 것입니다.

지장보살님의 원력이 광대원만하시므로 중생이 지장보살님의 형상을 뵙거나 지장경을 독송하거나 외우며 향, 꽃, 의복, 음식, 보배로 공양하고 찬탄 예배하면 스물 여덟 가지 이익과 열 가지, 또

일곱 가지 이익을 얻게 되는데 시간관계상 대표적으로 스물 여덟
가지 이익만 간단히 말씀드리겠습니다.

첫째는 천인과 용이 지킴이요,

둘째는 좋은 과보가 날로 더함이요,

셋째는 착한 인연을 만남이요,

넷째는 보리심(菩提心)에서 물러나지 않음이요,

다섯째는 옷과 먹을 것이 풍족함이요,

여섯째는 질병이 닥치지 않음이요,

일곱째는 수재와 화재를 만나지 않음이요,

여덟째는 도적의 액난이 없을 것이요,

아홉째는 모든 사람이 보고 흠모하고 존경함이요,

열째는 귀신이 도울 것이요,

열한째는 남자 몸으로 태어날 것이요,

열두째는 여자면 국왕이나 대신의 딸이 될 것이요,

열셋째는 모양이 단정할 것이요,

열넷째는 천상에 태어날 것이요,

열다섯째는 제왕이 될 것이요,

열여섯째는 숙명통(宿命通)을 얻을 것이요,

열일곱째는 구하는 바를 뜻대로 이룰 것이요,

열여덟째는 가족들이 화목할 것이요,

열아홉째는 모든 횡액(橫厄)이 소멸할 것이요,

스무째는 업의 길이 영원히 없어질 것이요,

스물한째는 가는 곳마다 통달할 것이요,

스물두째는 꿈이 편안할 것이요,

스물셋째는 선망(先亡) 부모가 괴로움에서 벗어날 것이요,

스물넷째는 이미 지은 복을 타고날 것이요,

스물다섯째는 모든 성현이 찬탄할 것이요,

스물여섯째는 총명하고 근기가 수승할 것이요,

스물일곱째는 자비심이 충만할 것이요,

스물여덟째는 마침내 성불하는 것입니다.

지장보살님의 서원은 실로 우리 중생들을 위하여 있는 것이니 흔히 아는 바 지장보살님은 이 세상에서 살다 목숨을 마친 영가만을 고통에서 구제해 주시는 보살님이라고 여기는 편협한 생각에서 벗어나 부지런히 기도하십시오.

우리가 만약 오늘 지장보살님의 명호를 듣고 지니고 찬탄하고 우러러보고 예배하고 주력(呪力)하거나 공양을 올리거나 또는 형상을 그림으로 그리거나 상을 조성하거나 형상에 칠을 올리거나 하면 그 공덕으로 백 번을 33천(三十三天)에 태어나며 영원히 악도에 떨어지지 않을 것임을 믿고 선연(善緣)을 지어야 합니다.

제가 오늘 이 자리를 통해서 특별히 당부 드리고 싶은 말씀이 있는데 낙태령(落胎靈)에 대해서입니다. 우리 나라가 임신중절(姙娠中絶)로 인한 태아 사망률이 세계 제 1위이고 그 숫자는 한 해에 약 1백 60만 명인데 부모님들이 태어나 보지도 못하고 저승길에서 헤매는 태아영가에 대해서는 너무도 무관심하고 기도도 정성스럽게 안 드려주고 참회도 안 한다는 것입니다.

태아도 생명인지라 자식을 죽인 악연을 심은 큰 죄를 지었는데

도 한때 산아제한(産兒制限)이라는 국가정책(國家政策)의 세속법에 물들어 잘못을 모르고 오늘날에는 인명경시풍조(人命輕視風潮)와 성(性)의 문란(紊亂)까지 겹쳐서 더욱 빈번하게 죄악을 짓고 있으니 안타까울 뿐입니다.

부처님께서 장수멸죄호제동자다라니경(長壽滅罪護諸童子陀羅尼經)에 이르시기를 "사람에게 병이 많고 제 명대로 살지 못하는 까닭은 유산(流産)이 그 근본 원인이라, 세상에 살면서 지은 죄업 가운데 아무리 뉘우쳐도 씻기 어려운 다섯 가지가 있으니 첫째는 아버지를 죽인 죄며, 둘째는 어머니를 죽인 죄며, 셋째는 태아를 죽인 죄며, 넷째는 부처님 몸에 피를 낸 죄며, 다섯째는 대중의 화합을 깨뜨린 죄이니라."고 하셨습니다.

또 이르시기를, "혹 태아를 죽인 큰 죄를 지었더라도 부처님과 불법을 통해서 지성으로 참회하고 태아의 영혼을 위해 지성으로 천도 공양하면 죄업이 소멸되고 이고득락(離苦得樂)하느니라"라고 해탈의 길을 열어 주셨습니다.

부디 대중께서는 이 가르침을 따라서 부모의 결정에 따라 아무 죄 없이 태 속에서 죽음을 당한 가엾은 영혼들이 원한을 풀고 극락왕생(極樂往生)할 수 있도록 참회기도를 올려야겠습니다.

살다 보면 몰라서 짓는 죄가 많은데 몰라서 지었다고 죄가 안 되는 것도 아니고 작아지는 것도 아닙니다. 뜨거운 쇳덩이를 뜨거운지 알고 집든지 모르고 집든지 손에 화상을 입기는 마찬가지요, 오히려 모르고 집은 사람에게 더 큰 고통이 따르니 모르는 것이 바로 죄인 것입니다.

이제부터라도 각자 인연이 있었던 태아령과 가엾은 모든 태아령의 극락왕생을 위하여 기도 드리기 바랍니다. 또한 본 법회에 동참하신 인연으로 다 같이 지장보살님의 원력을 본받아 중생구제에 앞장서는 참다운 불자가 되기를 서원합시다.

나무 지장보살마하살

— 지장재일

병고 없는 세상을 위하여

　　인간의 삶에 있어서 대표적인 네 가지 고통을 말씀드리자면 생고(生苦; 태어나는 고통), 노고(老苦; 늙어가는 고통), 병고(病苦; 병을 앓는 고통), 사고(死苦; 죽는 고통)인데 그 중에서 개인의 업(業)에 따라서 일생 동안 큰 고통 없이 무난히 통과할 수 있는 고통이 하나 있으니 바로 병고입니다.

　　무병장수(無病長壽)를 누리는 행복한 사람은 선행을 쌓은 사람이니 전생(前生)이나 현생(現生)에 항상 자비로운 마음으로 병들고 가엾은 생명들을 보살피며, 죽어가는 생명들을 살려주는 공덕을 많이 짓고 미물(微物)의 생명까지도 소중하게 여기고 함께 편안하게 살아갈 수 있도록 지켜주며 스스로도 청정한 삶을 살아온 결과입니다. 인과법(因果法)에 의해 보면 방생(放生)의 실천과 무외시(無畏施)의 실천에 따른 복력(福力)이 금강석 같은 몸을 지니게 하는 것인 것입니다.

　　제 생각에 현대의학(現代醫學)이 많은 발전을 했지만 사람마다 유전자가 다르고 같은 환경에서 살아도 개인에 따라 병이 다 다르고 약의 효능도 개인마다 다르게 나타나는 것은 개인의 업이 다르기 때문이라고 생각합니다. 그러므로 항상 병고에서 허덕이는 사람은 체력보강(體力補强)과 치료에만 매달리지 말고 악업을 닦고 선업을 쌓는 수행을 먼저 해야겠습니다.

이 세상 이치는 부모가 자식을 만들 때 모양새만 만들었을 뿐이지 살가죽 속에 들어있는 업은 만들 수 없는 것이니 건강한 부모라고 꼭 건강한 자식을 두는 것은 아니므로 자만하지 말고 기도해야 합니다.

법구경(法句經)에 "스스로 악을 행해 죄를 받고(惡自受罪) 스스로 선을 행해 복을 받는다(善自受福), 죄도 복도 저절로 얻어지는 것이니(亦各須熟), 누구도 그것을 대신 받지 못한다(彼不自代)"라는 부처님의 말씀처럼 모든 것이 다 자업자득(自業自得)인 것입니다. 인과법에 의하여 우리의 삶이 한치의 오차도 없이 이어지는 것을 다시금 생각하며 음력 8일인 오늘 약사재일(藥師齋日)을 맞아 약사부처님께 오롯한 정성으로 병고에 시달리는 모든 중생의 해탈을 위해 기도하십시오.

약사 부처님에 대하여 말씀드리자면 우선 약사여래본원경(藥師如來本願經)에 의지해서 설명 드리겠습니다. 약사 부처님은 이 사바 세계에서 동방으로 십항하사(十恒河沙)를 가면 한 세계가 있으니 그 이름은 정유리세계(淨琉璃世界)이며 그 곳에 계시면서 모든 세계를 관장하시는 부처님이십니다. 약사 부처님의 본래 명칭(名稱)은 약사유리광여래(藥師琉璃光如來)이시며, 과거세에 정각(正覺)을 깨치시기 위하여 보살행을 하실 때에 자신과 일체 중생을 위하여 열두 가지 대원을 발원하셨으니,

첫째 원은 몸에서 헤아릴 수 없는 세계를 환하게 비추는 광명이

솟고 삼십이상팔십소호(三十二相八十小好)를 갖추는 것이며,

둘째 원은 몸이 유리와 같아져서 안과 밖이 맑고 밝으며,

셋째 원은 끝도 변도 없는 지혜의 방편으로 무량한 중생의 세계를 다 수용하며,

넷째 원은 이도(異道)를 행하는 자를 보리도(菩提道)로, 성문도(聲聞道)와 벽지불도(辟支佛道)를 행하는 자는 대승(大乘)으로 인도하며,

다섯째 원은 범행(梵行)을 닦는 중생은 보호하여 계를 파하지 않게 하고 악도(惡道)에 가지 않게 하며,

여섯째 원은 불구자나 병든 자의 신고(身苦)를 없애주며,

일곱째 원은 근심과 가난과 고독 속에서도 도움을 받을 수 없는 자는 고통이 사라지고 무상보리(無上菩提)를 얻게 하며,

여덟째 원은 여자 몸을 싫어하면 장부의 몸으로 바꾸어지게 하고 무상보리를 얻게 하며,

아홉째 원은 마망(魔網)의 중생을 해탈시키며 이견(異見)을 가진 중생은 정견(正見)을 갖게 하며,

열 번째 원은 왕법(王法)에 얽매여 매를 맞거나 옥에 갇히는 재난을 당한 중생을 해탈시키며,

열 한 번째 원은 굶주리는 중생에게는 먼저 배부르게 먹인 후 법을 설하여 안락하게 해주며,

열 두 번째 원은 가난하여 의복이 없는 중생에게 의복과 보물을 비롯하여 사람을 얻게 하는 것입니다.

이와 같은 약사 부처님의 본원에 따라서 어떤 중생이든지 그 명

호에 의지하여 기도하면 십이대원을 성취할 수가 있습니다. 또 인간세상에서 악업을 지어 지옥, 아귀, 축생에 떨어지더라도 약사 부처님의 명호를 듣고 외워서 잠시나마 머리에 생각해내면 다시 인간으로 환생(還生)하게 되고 극락세계(極樂世界)에 태어나려고 하면 극락세계에 나게 됩니다.

오직 중생만을 위하여 존재하시는 약사 부처님이십니다. 사실 우리도 어리석어서 욕심을 내고 인색한 것이지 지혜로워지면 세상이 모두 공(空)한 도리를 깨달아서 저절로 모든 것에 애착이 떨어져서 궁극에는 자신의 생명까지도 보시하는 약사 부처님의 인행시와 같은 보살행을 하게 됩니다.

시방세계(十方世界)의 모든 부처님의 한없는 자비심과 막힘 없는 위신력은 다 같으시지만 중생의 인연과 근기가 천차만별(千差萬別)인지라 우리나라만 해도 세월과 지역에 따라 본불신앙(本佛信仰)에 차이가 있는데 약사 부처님 신앙을 대표하는 곳으로 대구 팔공산 정상에 계신 선본사 부처님(갓바위 부처님)에 대해서 일화(逸話) 한 가지만 말씀 드리겠습니다.

때는 6·25동란이 터지기 얼마 전이었습니다. 그 당시 우리나라에는 나병환자(癩病患者; 문둥병환자)가 많이 있었는데 나라 살림은 어렵고 의료수준은 낮고 복지혜택이 적다 보니 나병환자들이 치료받을 수 있는 병원과 시설이 없었습니다.

그러다 보니 나환자들이 집단으로 모여서 사람들의 멸시를 이겨내며 어렵게 살아가는 형편이었습니다. 그런데 그 때 많은 나환자들이 갓바위 부처님께 기도를 드리고 병이 씻은 듯이 낫자 그 소문이 전국으로 퍼져서 한때는 나환자만 수십 명이 부처님이 계신 바위 밑에서 움막을 짓고 살게 되었습니다.

상황이 이렇게 되자 동네 사람들이 모여 의논하기를 갓바위 부처님을 그냥 모셔두었다가는 전국의 나환자가 다 모이게 될 것이니 부처님을 부수자고 결의를 하였습니다.

그래서 그 다음날 사하촌(寺下村)에서는 한 집에 한 명씩 남자들이 연장을 챙겨들고 동네 어귀로 모였는데 오직 두 사람만이 빈손으로 와서 동네사람들에게 애원하기를 "우리 둘은 대대로 부처님을 신봉하는 집안에서 태어났으며 우리는 부모님께서 저 위의 갓바위 부처님께 정성껏 빌어서 이 세상에 온 것이 분명한데 어찌 우리 손으로 부처님을 파괴할 수 있겠습니까? 다른 어떤 벌이라도 받으려는 각오가 되었으니 제발 부처님 몸에 손을 대지 않게 해 주십시오." 하니 동네사람들은 그 날의 경비를 두 집에서 내라 하고 그 청을 받아들였습니다.

동네 사람들이 무리를 져서 산으로 올라가 부처님 주변에서 움막을 짓고 기도하며 살던 나환자들을 두들겨 패고 내쫓으며 행패를 부리다 그 중 건장한 청년 한 명이 부처님의 머리 위로 올라가서 도끼로 부처님의 갓을 내리쳐서 부처님의 갓 한쪽이 뚝 떨어지는 순간 먹구름이 몰려와 천지가 깜깜해지고 회오리 바람이 불어왔습니다. 그 청년이 바위에 부딪치며 떨어져 다친 것은 물론입니다.

그렇게 잠깐 사이에 뇌성벽력(雷聲霹靂)이 치고 부처님께 행패를 부린 청년이 나동그라지니 동네사람들은 서로 눈치 볼 것도 없이 모두 혼비백산(魂飛魄散)이 되어 가져갔던 연장을 산 밑으로 던지며 부처님께 앞을 다투어 빌고 도망쳐 마을로 내려왔습니다.

이 광경을 멀리서 지켜보던 나환자들은 그 후에 더욱 정성껏 기도를 드려서 수많은 분들이 부처님의 가피를 입어 병을 고쳐서 가족의 품으로 돌아갔으며 6 · 25동란 바로 전에는 전국에서 모인 나환자들이 백여 명이나 팔공산에 숨어 살았다고 합니다.

6 · 25동란이 터지자 팔공산에도 비행기의 폭격이 심해 사하촌에도 피해가 많았는데 참으로 묘한 것은 갓바위 부처님을 파괴하는 데 반대하고 끝까지 가담하지 않는 박처사님 가족과 몇 분들의 집과 논 밭 등 재산과 가축들이 온전하게 남았다고 합니다. 이를 곁에서 지켜본 동네사람들이 부처님의 위신력을 뼈저리게 느끼고 점차로 갓바위 부처님을 잘 모시게 되었습니다.

또 팔공산 갓바위 약사 부처님께 기도 드리면 건강해지고 부자도 되고, 출세한다는 믿음으로 정성을 드려서 예전부터 자신과 자손 중에 고관대작(高官大爵)이 많이 되니 오늘날에는 불자뿐만이 아니라 전 국민이 참배(參拜)하는 성지(聖地)가 되었습니다.

몇 년 전에는 주택복권에 1등 당첨된 사람이 갓바위 부처님께 기도해서 소원을 이루었다고 신문에 난 것을 저도 보았는데 이런 저런 사연으로 팔공산 갓바위 부처님 주변은 언제나 인산인해(人山人海)를 이루고 있습니다.

끝으로 약사유리광여래님께서 일체 중생의 고뇌를 멸제하시는 삼마지(三摩地)에 들어서 설하신 대다라니(大陀羅尼)를 일러 드리고자 하니 꼭 받아 지니고 외우시며 혹 병든 자를 위하여 기도를 하게 되면 진실한 마음으로 벌레가 없는 깨끗한 물을 떠놓고 이 대다라

니를 108번 소리내어 외우고 정성껏 마시게 하면 병고가 소멸할
것이니 믿어 의심치 마시고 꼭 주력(呪力)하십시오.
 "나무바가바세 비살사구로 벽류리바라바아라사야 다타아다야
아라하제 삼먁삼불타야 다냐타 옴 비살서 비살서 비살사삼모아제
사바하."

- 약사재일

부처님이 그리워서

사바세계의 교주이신 석가모니 부처님께서 멸도(滅度)하신 후 부처님의 진상(眞相)이 점점 멀어져 가니 세상에서 인연 중생이 원력을 세워서 부처님의 거룩하신 상을 지극한 정성으로 조성하여 모시게 된 것입니다. 그 덕분에 제자들이 시공(時空)을 초월하여 부처님의 상에 예배를 드릴 수 있게 되었고 그 선업으로 인하여 부처님의 가르침을 깨닫게 되었으니 이로써 부처님의 형상을 통하여 우주에 가득하시어 아니 계신 곳이 없으시며 이름 지을 상이 없으신 부처님의 실상을 뵙게 되었고 아무 말씀이 없으신 부처님의 상을 통하여 일체 세계의 진리의 말씀을 가슴 깊이 듣게 된 것입니다.

그러므로 부처님의 상(像)을 모시는 것은 상이 있는 도리에서 상이 없는 도리로 나아가는 것입니다. 불에도 타고 물에도 풀어지고 용광로에도 녹고 세월에 무너지는 유형의 부처님 상에 예경한 인연을 통해 영원히 변치 않는 광대묘용한 무형의 부처님의 위신력의 세계에 들게 되는 것입니다.

부처님의 실상이며 변치 않는 근본성품(根本性品)을 우리의 마음속에서 깨달아 중생이 본래 부처님임을 알고 오늘 성상의 부처님을 조성하여 모시는 인연을 계기로 각자 자신을 부처님으로 조성하여 가는 불사를 발원하여야겠습니다.

오늘이 부처님을 봉안하여 모신 불사의 회향일이 아니라 대중 모두 부처님으로 조성되는 성불기도의 입재일로 맞이하였으면 합니다. 유상(有相)을 통해 무상(無相)으로 가는 이치를 명백히 깨달아 앞으로 이 대웅전에 오셔서 참배하시는 분들은 거룩하신 성상 앞에서 정성을 다하여 선연을 맺고 공덕을 짓고 발심(發心)하고 정각(正覺)에 이르기 위하여 정진하여야 합니다.

이 세상에서 부처님의 성상을 처음 조성하여 모신 내역이 조상공덕경(造像功德經)에 자세히 서술되어 있는데 시간상 간단히 말씀드리자면 다음과 같습니다.

하루는 제석천(帝釋天)이 부처님께 도리천(忉利天)에 오르시어 여름 석 달을 지내시면서 어머니이신 마야 왕비(摩耶王妃)를 위하여 설법하여 주실 것을 간곡히 청하니 부처님께서 이에 응하시어 도리천으로 올라가셨습니다.

그 때에 평소 부처님을 잘 모시던 우전왕(優塡王)이 부처님을 그리워하며 매일 목마르게 하늘을 우러러 보았으나 뵐 수가 없자 나라 안의 훌륭한 장인(匠人)에게 부처님의 형상을 조성케 하여 모시고 예배공양하려 하니 이에 비수갈마천(毘首羯磨天: 제석천의 신하로 공작을 맡은 신)이 장인으로 변화하여 "내 솜씨가 세상에서 제일이다."라고 하자 왕은 곧 향나무를 선택하여 스스로 어깨에 메고 천장(天匠)과 더불어 도끼로 나무를 쪼개니 그 소리가 위로 삼십삼천(三十三天: 도리천)에까지 뻗쳐 부처님의 회상에 이르렀습니다.

그 때에 부처님께서 여러 모로 왕의 공덕을 찬탄하시고 멀리서 보리(菩提)의 수기를 주셨으니 이로 인하여 이 세상에 부처님의 성상이 모셔지기 시작되었습니다.

부처님께서 성상을 모신 공덕에 대하여 제석천에게 말씀하시기를, "누구든지 나의 형상을 칠보, 놋쇠, 붉고 흰 동, 백철, 납, 주석, 철, 나무, 진흙으로 조성하거나 아교, 채색으로 장엄하기를 스스로 했거나 남을 시켜 했거나 모두 불도를 이룬다. 심지어는 동자의 유희나 풀, 나무, 붓, 손톱을 가지고 불상을 그린 사람도 불도를 이룬다."고 하셨습니다.

또 관불삼매경(觀佛三昧經)에서는 우전왕이 쇠를 녹여서 부처님의 성상을 조성하였다고 되어 있는데 부처님께서 쇠불상을 보고 우전왕에게 말씀하시기를, "너는 내세에 크게 불사를 지으리니 내가 멸도 후 나의 모든 제자들을 너에게 부촉한다. 만약 어떤 중생이 나의 형상을 조성하고 여러 가지로 공양을 올린다면 그 중생은 후세에 반드시 염불청정삼매(念佛淸淨三昧)를 얻으리라."고 하셨으니 부처님의 성상을 조성하여 모시고 공양을 올린 공덕에 대하여 무딘 제 재주를 가지고 어찌 다 설명드릴 수 있겠습니까?

누구든지 부처님의 성상을 조성하여 모시면 항하사겁(恒河沙劫)의 생사의 죄를 멸하고 미래에 미륵부처님의 처음 회상에서 모두 해탈을 얻을 것이고 세세생생에 악도에 떨어지지 않고 천상 인간 중에 태어나면 금색신(金色身)을 받고 제왕이나 천주(天主)가 된다고 하시며 축생이라도 부처님 상에 엎드려 절하면 해탈을 얻는다고 하셨습니다.

축생에 대하여 예를 들어 말씀드리자면 부처님 당시에 해율제일

(解律第一)인 교범바제(憍梵婆提) 스님은 전생에 소의 몸이셨을 때 물과 풀을 구하러 다니다가 정사(精舍)를 우측으로 돌았는데 이 때 부처님의 존귀하신 용모를 뵙고 환희심을 내어 절을 한 그 복으로 인하여 해탈을 얻게 되었다고 합니다. 이 얼마나 거룩한 인연입니까?

어리석기 짝이 없는 축생도 이런 복락을 누리거늘 사람이 신심을 내어서 정성을 다해 부처님의 성상을 조성함에 있어 그 공덕을 어찌 다 말로 옮기겠습니까?

저 수(隋)나라 때 응관사(凝觀寺)의 법경 스님(法慶大師)은 개황 3년에 높이가 한 장 육 척(一丈六尺) 되는 석가모니 부처님을 조성하시다 완성치 못하고 돌아가셨습니다.

법경 스님이 돌아가신 날 먼저 돌아가신 대지 스님(大智大師)이 사흘 만에 다시 살아나서 말씀하시길 "내가 염라대왕 앞에서 법경 스님을 보았는데 그 때 법경 스님이 조성하시던 석가모니 부처님 상이 계단에서 내려 와서 예를 올리는 염라대왕에게 "법경 스님이 나를 조성하다가 아직 마치지 못했는데 어찌하여 죽게 하였는가?" 하시니 염라대왕의 좌우에 신하들이 "법경 스님의 수명은 아직 마칠 때가 안 되었으나 먹을 복이 다하였습니다." 하니 이에 염라대왕이 명하되 "법경 스님에게 연꽃 잎을 주어서 그 복된 일을 마치도록 하라고 하는 것을 보았습니다."라고 하였습니다.

그런데 잠시 후 법경 스님이 다시 살아나셨는데 저승에서 있었던 일을 말씀하시는 것이 대지 스님과 똑같았으며 그 후 법경 스님은 공양하실 때에 연꽃잎으로 만든 음식 외에는 목에서 내려가지 않아서 오직 연꽃잎만을 잡수시며 석가모니 부처님상을 원만히 조성하여 모시고 수년을 더 사셨다고 『법원주림(法苑珠林)』이라는 책에 실려 있습니다.

부처님께서는 생사를 초월하신 분이시기 때문에 그 성상을 조성하는 사람도 불생불멸의 존재로서 영원한 생명이신 부처님을 믿고 정성을 다하여 조성에 임하면 그 공덕으로 자신의 생사도 초월할 수 있는 불가사의한 가피가 있다는 것을 법경 스님을 통해서 알 수 있습니다.

부처님의 가호력에는 예와 지금이 없고 이곳과 저곳이 없으니 과거 수나라 법경 스님에게 있었던 가피가 지금 우리에게 없을 수는 없을 겁니다. 우리도 대원력(大願力)을 세우고 정성을 다하여 불사에 임하면 우리의 안목(眼目)으로는 도저히 헤아릴 수 없는 부처님의 불가사의한 신통의 세계가 나타나게 될 것입니다.

오늘 석가모니 부처님상을 모시면서 이 거룩한 불사를 통해서 진실한 부처님의 상을 눈에 담고 마음에 담아서 세세생생 부처님의 세계에 태어나야겠습니다.

끝으로 부처님께서 사위성 기원정사에 계실 때 제자들에게 부처님을 모시는 공덕에 대하여 하신 말씀을 전해드리겠습니다. 부처님을 받들어 섬기며 정성으로 예배하면 다섯 가지 공덕이 있다 하셨으니, 첫째는 얼굴이 단정해지고, 둘째는 음성이 맑고 청아해지며, 셋째는 부귀하게 되고, 넷째는 좋은 집안에 태어나며, 다섯째는 목숨을 마치면 하늘에 태어나게 된다는 가르침입니다.

그 이유로는 부처님 모습을 뵙고 환희하는 마음을 가지기 때문에 얼굴이 단정해지고, 부처님께 귀의하고 찬탄하기 때문에 목소리가 곱고 청아하게 되며, 부처님을 뵐 때 꽃과 향 등불로 공양을 올리기 때문에 부귀하게 되며, 부처님전에 겸허한 마음으로 고개 숙여 예배하며 마음에 집착을 버렸기 때문에 좋은 집과 하늘에 태어난다고 하셨습니다.

거룩하신 석가삼존상(釋迦三尊像)을 조성해 모시고 점안식에 동참하신 여러 불자님께서는 이 무량한 공덕을 지은 인연으로 모든 업장을 소멸하시고 속히 성불하십시오. 성불합시다.

– 석가삼존상 점안식

목련 스님의 효행

시방법계(十方法界)의 모든 영혼(靈魂)들이 부처님의 가호로 해탈의 기쁨을 얻는 날이 왔습니다. 우란분(盂蘭盆)이라는 말은 번역하면 구도현(救倒縣; 거꾸로 매달린 것과 같은 고통에서 구한다)이라는 의미로 온 법계(法界)에 사는 유주 무주 영혼(有主無主靈魂)들이 고통받는 것을 구한다는 뜻을 갖고 있습니다.

또한 우란분절이라는 것을 목련경(目連經)에 보면 그 기원(紀元)이 목련 스님(目連尊者)의 효행에서 비롯되었으며, 음력 7월 보름 하안거 해제일(夏安居解制日)로써 부처님의 위신력(威信力)과 스님들의 수행력(修行力)과 재가신도님의 정성으로 일체 영가들이 이고득락(離苦得樂)을 얻는 날을 말합니다.

목련 스님은 석가모니 부처님 당시 십대제자(十大弟子)의 한 분으로서 신통제일(神通第一)의 덕이 높으신 스님이셨는데 출가 전에는 이름이 나복(羅卜)이셨고 아버지 부상 장자(傅相長者)와 어머니 청제 부인(靑提夫人)의 외아들이었습니다.

어느 해 아버지께서 병이 들어 돌아가시자 유복하게 자란 나복 청년은 가산(家産)을 삼 등분 하여서 그 중 이분은 어머니께 드려 일분은 3년 동안 아버지의 천도(遷度)를 위해 매일 재(齋)를 모시게 하고, 일분은 어머니의 생활비로 쓰시게 하고, 일분은 자신의 장사 밑천을 삼아 타국으로 장사를 하러 떠났습니다. 나복은 3년 후에 집에 돌아올 것을 기약하고 떠났으나 그 후 어머니는 매일매일 화려한 몸치장으로 음주와 방탕을 일삼고 살생을 즐겼습니다. 그러다가 3년 후 아들 나복이 돌아오는 때를 맞아서는 다시 상복을 입고 재를 모시는 척한 죄로 사후에 아비지옥(阿鼻地獄)에 떨어져 갖은 고통을 받게 되었습니다.

홀로 된 나복 청년은 재산을 모두 하인들과 가난한 이들에게 보시하고 출가를 하여 목련 스님이 되십니다. 목련 스님께서 하루는 신통력으로 부모님을 살펴보았습니다. 아버지 부상 장자는 천상에 있는데 어머니는 도통 보이지 않았습니다. 목련 스님께서는 생전에 악행을 많이 지으신 어머니께서 분명 지옥에 계실 것이라 생각되어 지옥으로 갔습니다.

결국 어머니를 아비지옥에서 찾았으나 해탈시켜 드릴 방법을 몰라 부처님께 간곡히 그 방법을 여쭈시니 부처님께서 이르시기를, "우란분절을 택하여 항하 강변(恒河江邊)에서 수행하시는 많은 스님들을 청하여 공양을 올리고 재를 지내면 청제 부인은 물론 시방 세계의 일체 애혼(一切哀魂)이 고통의 윤회에서 벗어나 해탈하리라."고 하셨습니다.

목련 스님께서는 부처님의 말씀을 듣고 환희심을 내어 부처님의 가르침에 따라 정성껏 실천하시니 어머니뿐만 아니라 선망 부모님과 일체 영혼들이 모두 천상에 나셨습니다.

이에 대해 더 자세한 내용은 목련경(目連經)을 보시면 잘 알게 됨니다.

또 오늘은 백중(白衆·百中), 백종(百種·魄縱·白踵), 자자일(自恣日)이라고도 하는데 우선 불가(佛家)의 명칭부터 살펴보아야겠습니다.

백중(白衆)이라는 말은 대중에게 고백(告白)한다는 뜻으로 하안거(夏安居; 음력 4월 15일 입제 7월 15일 해제) 결제기간(結制其間) 동안 묵언(默言) 속에 정진하다 보니 그 동안 생겨난 공부에 대한 의심이나 소감(所感) 내지 잘못한 점을 드러내놓고 참회(懺悔)하며 대중에게 자신의 뜻을 밝힌다는 뜻이며, 자자도 스스로 뉘우친다는 뜻으로 결제 중에 생긴 자신의 허물을 대중 앞에 숨김없이 참회하고 용서를 구하며 다시는 같은 허물을 되풀이하지 않겠다고 맹세한다는 뜻입니다.

백종(魄縱)은 업(業)에 얽혀서 고통의 윤회를 벗어나지 못하고 있는 영혼들이 부처님의 자비와 권능(權能) 법력(法力)에 의하여 해탈되므로 지어진 이름입니다. 세속(世俗)에서는 오늘을 백중(百中)이라고 흔히 말하는데 이는 일년 가운데 가장 중심이 되는 절기(節氣)라는 뜻이며, 백종(百種)은 요즈음 백 가지 햇곡식이 거의 익었으므로 처음 나는 곡식으로 제물(祭物)을 정성껏 장만하여 조상님께 천신(薦新)하는 것을 뜻합니다.

또한 백종(白踵)이라는 것은 농부들이 봄부터 일하기에 바빠서 흙 묻은 발을 깨끗이 씻을 시간이 없다가 이제야 농사일도 거의 끝이 나 한가한 틈이 생겨 발뒤꿈치가 희어졌다는 뜻과 여름 내 논에서 물에 발을 담그고 일을 해서 발뒤꿈치가 허옇게 벗겨졌다는 뜻으로 일컬어진 것입니다.

이렇듯 칠월 보름날은 불가에서나 세속에서나 봄부터 긴 여름을 정진으로 보낸 후 그 결실을 논하는 날이며, 조상을 위하여 정성 들여서 재를 모시는 공통점이 있으니 실로 효의 정신에서 비롯된 아름다운 명절이라고 생각합니다.

그럼 지금부터 효에 대하여 함께 생각하여 봅시다.

부처님께서 『인욕경(忍辱經)』에 이르시기를, "선(善)의 최상은 효도보다 큰 것이 없고, 악의 최상은 불효보다 큰 것이 없다."라고 하셨으며 『부모은중경(父母恩重經)』에서는 "가령 어떤 사람이 왼쪽 어깨에 아버지를 업고 오른쪽 어깨에 어머니를 업고서 피부가 닳아져 뼈에 이르고 뼈가 뚫어져서 골수(骨髓)에까지 이르도록 수미산을 백천 번 돌더라도 오히려 부모의 은혜는 갚을 수가 없느니라. 가령 어떤 사람이 굶주리는 흉년의 겁운(劫運)을 당해서 부모를 위하여 자기의 온 몸을 도려내어 티끌같이 잘게 갈아서 백 천겁이 지나도록 봉양하더라도 오히려 부모의 깊은 은혜는 갚을 수가 없느니라."라고 말씀하셨으니 부모님의 그 크신 은혜를 어찌 다 말로 할 수 있겠습니까?

사람뿐만 아니라 어리석은 짐승도 자기 새끼는 귀한 줄은 아니, 우리가 흔히 쓰는 '단장(斷腸)의 슬픔'이라는 말도 중국의 『세설신어(世說新語)』라는 책에 원숭이가 주인공이 되어서 생긴 말입니다.

그 내용을 말씀드리자면 진나라의 환혼이라는 사람이 배를 타고 삼협이라는 곳을 지날 때 그의 시종이 계곡의 벽에서 놀던 새끼원숭이를 붙잡아 배에 싣고 떠나왔다고 합니다. 그 때 어미원숭이가 잡혀가는 새끼를 보고 울부짖으며 골짜기를 따라 백여 리를 달려와 배에 뛰어내려 새끼를 안고 그 자리에서 죽어버렸습니다. 사람들이 이상해서 어미원숭이의 배를 갈라보았더니 뱃속의 창자가 마디마디 끊어져 있었다고 합니다. 어미원숭이가 새끼를 쫓아오며 얼마나 애를 태웠으면 창자가 마디마디 끊어지고 타서 죽었겠습니까? 돌이켜 생각해보면 부모님에게 효도를 한다는 것은 너무나 당연한 것인데 우리는 너무나 실천하지 않는다는 생각이 듭니다.

『삼국유사(三國遺事)』에 보면 '대성효2세부모(大城孝二世父母)'라 하는 대목이 나오는데, 신라의 모량리에 김대성(金大城)이라는 효자가 전생의 부모님을 위해서 석불사(石佛寺; 현재의 석굴암)를 세우고 현생의 부모님을 위해서 불국사(佛國寺)를 세웠다고 되어 있으니 그 효심과 신심에 감동할 따름입니다.

또 빈녀양모(貧女養母) 이야기가 눈시울을 붉게 합니다. 분황사(芬皇寺) 동쪽 마을에 사는 가난한 처녀가 눈먼 어머니를 위하여 구걸해 봉양했는데, 흉년이 들어 걸식하기도 힘이 들어서 남의 집에 가서 몸을 팔아 30석을 얻어서 주인집에 맡겨놓고 일을 하고 날이 저물면 쌀을 가지고 와서 밥을 지어 어머니를 봉양하고 같이 잠을 자고 새벽이면 주인집에 가서 일을 하였습니다.

그런데 하루는 어머니가 딸에게 말씀하시기를 "예전에는 강비(糠粃; 몹시 거친 음식)를 먹어도 마음이 편하더니 요새는 쌀밥을 먹어도 창자가 찔리는 것 같아 마음이 편안치 못하니 어찌된 일이냐?"고 하셔서 딸이 사실대로 갈씀드리니 통곡을 하셨다고 합니다.

이는 딸이 효도를 하되 어머니의 구복(口腹; 음식을 먹는 입과 배)만 봉양하고 색난(色難; 부모의 마음을 편안하게 하지 못함)을 살피지 못한 때문인 것입니다. 그러므로 빈녀양모의 일화를 통해서 다시금 생각해야 하는 것은 효란 정신적인 것과 물질적인 것이 조화를 이루어야 참다운 것이라는 것입니다.

이런 의미에서 볼 때 세속에서 일부 사람들은 출가한 스님들에게 효를 저버리고 산다고 말하는데 이 또한 너무도 치우친 주장입니다.

목련경(木連經)에 목련 스님께서 나복(羅卜) 청년으로 계실 때 출가를 하시기 위하여 부처님께 여쭙기를 "부처님이시여! 저는 이제 부모님이 다 돌아가시고 복(服) 입기를 마쳤습니다. 이제 부처님을 따라 출가하고자 합니다. 원컨대 출가를 하면 무슨 공덕이 있겠사옵니까?" 하고 여쭈니 부처님께서 말씀하시기를,

"나복아, 잘 왔구나. 남염부제(南閻浮提) 중에서 만약 한 사람의 남자나 여자, 또한 한 남자 종이나 여자 종이라도 부처님을 따라 출가하게 하는 것은 8만 4천의 부도(浮屠) 보탑(寶塔)을 조성하는 것보다 나은 것이니라. 이로써 이 세상에 살아있는 부모는 백년 동안 복락을 누리게 되고 7대를 거슬러 올라가 조상까지도 마땅히 정토(淨土; 극락세계)에 태어날 것인데 하물며 너는 스스로 보리심(菩提心)을 내었으니 그 공덕이 가이 없다."라고 하셨습니다. 실로 우리 불가에서는 출가야말로 최상의 효를 실천하는 길에 든다는 것을 알 수 있는 말씀입니다.

끝으로 오늘 우란분절대법회를 통해서 대중 모두 일심으로 더욱

참회하고 정진할 것을 서원하며 작은 나에서 벗어나 대 우주의 주인공으로서 육도중생의 해탈을 위하여 부처님전에 지극한 정성으로 기도를 올립시다.

안과 밖이 늘 같은 수행자가 됩시다.

- 우란분절

덕숭산에 기대어

삼세의 모든 부처님께서 깨치신 것도 이 마음이고,

삼세의 모든 보살님께서 공부하신 것도 이 마음이며, 팔만사천 대장경의 내용도

다 이 마음을 드러낸 것이고, 모든 조사스님들께서 서로 전하신 것도 이 마음이니

마음 공부야말로 수행의 주춧돌인 것입니다. 정진하다 보면 크고 작은 장애는 따르기 마련인데

저는 평소 '장애가 지혜의 씨앗이다' 라고 생각하고 다가오는 그대로 수용하면서 살아왔습니다.

장애에 좌절할 것도 없고 피할 것도 없고 내가 갈 길 가다 보면 밤하늘에

구름과 연기가 사라지면 밝은 달이 저절로 드러나는 듯 마음 공부도 이와 같아서

무명(無明: 어리석음)의 그늘이 사라지면 사라진 자리만큼 지혜의 밝은 빛이 나타나므로

부처님의 가피 속에 화두를 노를 삼아 세월의 강을 이만큼 건너왔습니다.

나날이 편안한 날

들꽃은 봄 기운에 화사하게 웃어도 노송(老松)은 쓰러지기 전에는 추색(秋色)이 없듯이 덕숭산은 산색(山色)만큼이나 변함없는 대중들이 지켜가고 있습니다. 곳간의 살림은 넉넉하지 않아도 바위처럼 늠름한 가풍(家風)과 청송(靑松)처럼 곧은 수좌(首座)들이 살아가는 곳입니다.

승려가 귀중해야 불법(佛法)도 귀중하게 되고 승려가 천박하면 불법도 천박하게 되는 것이라 대중 각자가 귀중해지기 위해서 정진하는 곳입니다. 이 산중에서는 승려의 가치를 어디에 두는가 하면 오직 도(道)에다 둡니다. 도(道) 외에 가문이나 학식, 인물, 부귀, 명예는 다 소용이 없고 오로지 도에만 그 가치를 인정합니다. 그래서 도가 있는 승려는 최고의 가치가 있는 것이고 도가 없는 승려는 아무리 장점이 많아도 그 다음으로 생각합니다.

의식(衣食)은 넉넉지 못해도 도는 넉넉한 산중이니 누더기 속에 풍요로운 도를 감추고 유유자적(悠悠自適)하게 살아오신 선사(先師)들의 멋진 삶을 함께 하시길 바랍니다.

이 세상에 도처럼 넉넉한 것이 또 무엇이 있겠습니까? 도는 가치를 따질 수 없는 큰 보배로 아무리 써도 없어지지 않는 것이니 도란 쓸수록 빛나고 남을 위해 쓸 때는 더욱 빛나는 것이 다 이런 도리(道理)가 아니겠습니까?

승려의 가치를 오직 도에 두는 이 산중에 오셨으니 오직 도를 통할 것만을 원하고 나머지는 다 놓아버리고 함께 정진합시다. 조석으로 부처님께 향 사르고 발원하기를,

"삼계(三界)의 대도사(大導師)시여!
원하옵나니 이 몸 불도(佛道)를 이루어
법등(法燈)이 되어 세상을 밝히고
법향(法香)이 되어 세상을 향기롭게 하고
법수(法水)가 되어 세상을 맑히고자 하오며
이 몸의 뼈를 빼서 붓을 삼고 가죽을 벗기어
종이를 삼고 피로써 먹을 삼아 법을 전하고자 합니다."

하며 쉼 없고 치우침 없는 정진을 합시다.

간혹(間或) 대중 스님들 중에서 저에게 묻기를 "스님! 저는 제 나름껏 열심히 노력하는데 공부에 진전이 없으니 무엇이 잘못된 것입니까?" 하고 질문하고 대답을 기다리는 분이 있어서 이 자리를 통해 그 이유에 대해 중요한 것 세 가지만 말씀드리겠습니다. 제 생각으로는,

첫째, 공부인이 깨달아야 한다는 철저한 각오와 용맹이 부족하고,

둘째, 생사(生死)와 무상(無常)에 대하여 뼈저리게 느끼는 것이

부족하고,

셋째, 인과(因果)에 어둡고 조그마한 고통도 참지 못하는 데에 그 이유가 있다고 봅니다.

도가 바란다고 해서 어디 그냥 생기는 것이겠습니까? 고행하지 않고 수행하지 않고 저절로 도인이 된 사람은 고금(古今)을 통해 한 사람도 본 일이 없습니다.

대도인(大道人)도 처음에는 다 생사에 연연하지 않고 오직 생각 생각을 화두(話頭)에만 두고 살 생각보다는 죽을 각오로 정진해서 영원히 살아있는 존재가 된 것입니다. 도가 있는 산중에 와서 도인을 친견(親見)해 가며 함께 도를 닦는 도반(道伴)들을 만났으면 서로 감사하게 생각하고 아끼고 존경하며 살아야지 말법시대(末法時代)를 탓하고 종단(宗團)을 탓하고 총림(叢林)을 탓하고 도반을 탓할 시간이 어디 있습니까?

영명 스님(永明禪師)께서 이르시기를,

"가령 참선(參禪)을 해서 깨치지 못하고 도를 배워 성불(成佛)하지 못했어도 그저 스쳐간 인연만으로도 영원히 종자를 심어서 세세생생 악에 떨어지지 않고 사람의 몸을 잃지 않으니 언젠가는 선지식을 만나서 한 순간에 깨달음을 얻는다."고 하셨습니다.

우리가 지금 참선법을 만났을 때 정진하지 않으면 언제 하게 되겠습니까? 그저 최상승법(最上乘法)을 만났을 때 후회 없이 최선을 다해 정진해 봅시다.

제가 큰절(修德寺)에서 노스님(碧超禪師)을 모시고 소임 살 적에 하루는 노스님께서 불러놓고 말씀하시기를, "속인도 선방(禪房) 좋은 줄은 알아서 선방 문고리만 잡아 봐도 지옥을 면한다고 믿고 찾아오는데 너도 이제는 본사를 떠나서 큰 산중선방에 방부(房付)드리고 살다 오너라.”고 하셔서 맨 처음 용기를 내서 간 곳이 통도사(通度寺)였습니다.

나이 스무 살 갓 너머 타 산중에 살러 가보니 부처님 법은 같은데 산중 법은 어찌 다른 것이 그렇게 많은지 눈치볼 것도 많더니 두 철 세 철 다니다 보니 분별심(分別心)도 떨어지고 어디가나 제 살림살이대로 정진하게 되었습니다. 대중께서도 『사익경(思益經)』의 말씀처럼,

“있음에도 떨어지지 않고 없음에도 떨어지지 않으며 또한 있음과 없음을 분별하지도 않나니 이와 같이 익히는 자라야 수도(修道)한다고 말할 수 있다.”는 분별이 뚝 끊어진 경계에서 만사(萬事)에는 무심(無心)하고 오직 화두에는 세밀하게 지내는 수행자가 되어 빈틈없는 살림살이를 지어 나가시길 바랍니다.

때때로 전생의 업과 금생의 수행력 부족으로 앞도 뒤도 깜깜하고 막막하고 답답하고 졸리기만 할 때도 좌절하지 마시고 더욱 신심(信心)을 발해서 화두산(話頭山)의 천길 만길 되는 벼랑 위에 앉았다고 생각하고 한 생각 놓치면 뚝 떨어져서 죽고 쏜살같이 지옥에 간다고 믿고 순간순간 정미롭게 공부를 지어 가다보면 긴 밤을 지나 해가 뜨는 새벽이 오듯 밝고 시원한 경계를 맞이하게 될 것입니다.

공부에는 신심보다 더 중한 주춧돌이 없으니 신심을 생명 삼아 보배 삼아 정진해야 합니다. 왜냐하면 신심만 있으면 어떠한 마장

(魔障)도 이겨낼 수 있기 때문입니다. 한 예로 화엄경(華嚴經)에 나오는 선재동자(善財童子)는 문수보살(文殊菩薩)님의 가르침에서 발심하여서 점차 남쪽으로 가면서 53인의 선지식을 뵙고 그 때 그 때 깨달음을 증득해 가다가 끝으로 보현보살(普賢菩薩) 님의 십대원(十大願)을 듣고 서방정토(西方淨土)에 왕생하여 법계에 들어갈 수 있도록 원을 세우고 이를 성취하니 이에 문수보살님께서 선재동자를 찬탄하시길 "착하도다. 선남자(善男子)여! 만일 신근(信根)이 없었더라면 세간을 여의고 법계에 들어가는 해탈을 얻지 못했으리라."라고 하셨습니다.

성현의 말씀이 이러할진댄 공부인에게 있어서 신심은 아무리 강조하여도 지나침이 없습니다. 돌이켜 생각해보면 저나 여러분이나 사람으로 태어나 다행히 부처님 법을 만나서 부처님되는 공부에 인생을 걸었으니 입지(立志)를 세운 출발점이 세상사 그 어느 길에 견줄 수 있겠습니까?

참으로 이 웅장하고 멋진 길을 벗어나서는 안 될 것입니다. 사실 세상 사람들 가운데 몇 명이나 '중생과 부처가 둘이 아니다' '중생도 깨달으면 부처' 라는 진리를 알고 있으며 설사 알고 있더라도 그 말씀을 진실로 믿는 사람이 몇 명이나 되며, 또 믿더라도 온전히 이해하는 사람이 몇 명이나 되며, 또 이해를 하더라도 실제로 깨달음의 경지에 이른 사람이 몇 명이나 되겠습니까?

공부에 진전(進展)이 없다고 해서 공연히 신심 없고 어리석은 무리들과 어울려서 출발점에서 다짐했던 장한 뜻을 잊고 "깨닫기 전에는 아무것도 믿을 수 없으니 깨닫고 나서 확인하고 믿는다."라는 궤변이나 쏟으며 신심 없이 지내다 아까운 일생을 허비하지 마십시오.

부처님의 말씀은 오직 진실한 말씀이요, 참다운 말씀이요, 중생을 현혹시키는 말씀이 아니라는 점을 확실히 믿고 의지하면서 모름지기 착하고 순수한 마음으로 도의 싹을 키워가야겠습니다. 믿음의 밭에서 자라나는 수행의 나무야말로 기필코 불과(佛果)를 맺게 될 것입니다.

끝으로 공연한 노파심(老婆心)으로 한 말씀 더 드리자면 한 철 정진하다 보면 허물이 생기기 마련입니다. 그 때는 더 이상은 정진에 장애가 되지 않도록 스스로 참회를 하여야 합니다.

열반경(涅槃經)에 "죄가 적다고 죄악이 없다고 하지 말라. 물방울이 적어도 큰 그릇을 채우고 작은 죄가 쌓여서 무간지옥을 세우나니 이 몸 이 때 잃으면 언제 닦겠는가. 이 몸은 허망한 것이니 오늘은 살아 있어도 내일을 기약하지는 못하느니라."고 부처님께서 말씀하셨습니다.

죄라는 것은 참회하면 녹아져서 편해지고 덮으려 하면 더 커져서 괴로워지는 것이니 순간의 악이라도 한 두 번 일어나는 것을 그냥 두다보면 무쇠도 제 몸에서 생기는 녹으로 삭아 없어지는 것처럼 수행을 망치게 됩니다. 모름지기 수행자는 자신의 죄장(罪障)이 태산 같은 줄 알아서 늘 참회하는 가운데 정진해야 처음도 달고 중간도 달고 끝도 달은 꿀맛 같은 여여(如如)한 나날이 될 것입니다.

자신의 마음도 편하고 남도 편안하게 해주는 막힘 없는 마음으로 한철 잘 지내고 부지런히 탁마(琢磨)하여 화두를 타파(打破)하고

자유자재(自由自在)한 경지에서 언제고 중생을 위해서는 진(眞)을
돌이켜 속(俗)으로 들어가는 이 세상의 멋진 나그네가 되어 봅시
다. 멋진 나그네가 바로 주인장(主人丈)입니다.

- 하안거 결제일

길 없는 길로 떠나는 이

"깨끗한 일월(日月)이 허공에 있으면서 밝게 비추면 온갖 물에 그림자가 나타나되 물에는 섞이지 않듯이 보살의 정법륜(淨法輪)도 이와 같아서 세간심수(世間心水)에도 섞이지 않는다."는 말씀이 『화엄경(華嚴經)』「이세간품(離世間品)」에 있습니다. 평소 산중 주지(住持)를 살면서 주지가 될 때마다 심중(心中)에 새겨온 가르침인데 해제일(解題日)을 맞이하여 운수행각(雲水行脚)에 나서는 대중들께 말씀드립니다.

저도 풋풋한 스물에 산중에 들어와 사십여 년 살다 보니 수행자라 해도 빈궁하다 보면 보시하기가 쉽지 않고, 남이 좀 알아주는 자리에 있으면 인욕이 잘 안 되고, 순한 경계에 부딪치면 악한 경계에 부딪치는 것보다 계를 지키기가 어렵고, 젊고 기운이 넘치면 애욕을 떨쳐버리기 어려운 점을 몸소 느끼고 살았기에 기백이 높은 여러 스님들을 보내드리고 싶지 않으나 지난 철 정진력(精進力)이 충만하시니 믿고 스님들의 뜻을 따릅니다.

해제일이 다가오면 오라는 곳은 없어도 갈 곳이 많은 나그네가 되는 것이 수좌(首座)의 살림이 아니겠습니까? 사실 높은 안목(眼目)과 혜안(慧眼)과 철저한 구도심(求道心)만 갖추어져 있다면 어디를 가시든 무슨 장애가 있겠습니까?

　모든 중생이 선지식이나 부처님처럼 보일 것이요, 산하대지(山河大地)가 모두 가슴을 여는 진리요, 설법 그 자체가 아니겠습니까? 가다 쉬다 걷다 산천경계 좋으면 걸망 베고 좀 누웠다 한숨 자고 계곡 좋고 반석 좋고 정자 좋은 곳 만나면 죽비 한번 탁 치고 정진하고 그렇게 그렇게 지내서 바위처럼 견고하고 계곡 물처럼 청정하고 소나무처럼 곧고 달처럼 밝고 대나무처럼 텅 비워진 마음이 된다면 얼마나 멋진 만행(萬行)이 되겠습니까?

　금강석(金剛石)은 부숴도 조각 조각이 값비싼 보배요, 향나무는 잘라도 조각 조각이 뛰어난 향을 지녔으니 한 철 정진 잘 하신 분들께서야 보배로운 그 마음이 어디에 가신들 차이가 있겠습니까? 어두운 세상에 빛이 될 것이요, 깨달음으로 인도하는 향기가 될 것이니 새와 나비가 꽃나무를 따라다니듯 수행자를 따르게 될 것입니다.

　다만 "명리납자(名利衲子)는 초의야인(草衣野人)만 같지 못하다."는 서산 스님(西山大師)의 가르침에 따라 자신의 가치를 세인의 평에 두지 않고 공부인의 양심을 지키며 천진(天眞)하게 길을 갈 수 있다면 훤출한 도인이 세상 가운데 머문 듯 무슨 위태로움이 따르겠습니까? 그러나 자신의 수행력이 보잘것 없는 처지라면 초발심 행자(初發心行者)가 된 마음으로 산중에 남거나 얼른 다시 돌아오셔서 새로운 각오로 정진에 임하시길 당부 말씀 드립니다. 요즈음 언론에서 '초발심'이라는 말을 많이 쓰는데 오늘 이왕에 '초발심' 이라는 말이 나왔으니 잠시 그 뜻을 말씀드리겠습니다.

『대보적경(大寶積經)』에 부처님께서 문수보살(文殊菩薩)님께 이르시기를 "만약 어떤 보살이 삼계의 일체가 생각(想)으로 생(生)함을 평등하게 관(觀)한다면 이를 최초발심(最初發心)이라고 하나니, 문수사리여! 이를 보살의 초발심이라 이름하느니라."고 하셨고, 또 『화엄경』「초발심공덕품(初發心功德品)」에서는 "이름이 초발심공덕품이라는 것은 처음 비로소 발심하여 고금(古今)이 없음을 보는 것을 초라 이름하고 무심지(無心智)로 응(應)함을 발이라 이름하고 신변(身邊)의 봄(見)이 없어짐을 심이라 이름하고…"라고 하셨습니다.

다시 한번 더 쉽게 말씀드리자면 구사론(俱舍論)의 설명처럼 "처음으로 깨달음을 구하는 마음을 일으킨다는 뜻"입니다. 출가자나 세속인이나 사람의 아집(我執)은 차이가 없으니 스스로 지혜롭지 못하고 아는 것이 없으면서도 배우려고 하지 않는 사람들이 자신의 어리석음을 돌아보지 않고 앞에 나서려고만 하니 여기저기서 초발심으로 돌아가자고 하는가 봅니다. 독선(獨善)은 모든 시비의 근본이며 자만(自慢)은 모든 부패의 근본이라는 생각을 가지고 늘 이를 경계하며 수행하여야겠습니다.

대오(大悟)의 경지에 다다르지 못한 이상 마음 속에는 항상 온갖 죄악과 망상을 일으키는 업이 여섯문(六門; 눈·귀·코·혀·몸·뜻) 속에 갇힌 원숭이처럼 부르기만 하면 발광하고 뛰쳐나올 준비가 되어있는데 어떻게 늘 초발심을 벗어날 것이며, 순간 순간을 벼랑 끝처럼 눈 덮인 낭떠러지 길이라는 생각을 버릴 수 있겠습니까?

한철 험한 산길 한 걸음 한 걸음 올라가서 시원한 경계 좀 맛봤

다고 구름 따라 다니다 구름처럼 허망한 살림살이 되지 말고 웬만
한 분은 오늘이 결제라 생각하시고 이 산중에서 저와 함께 삽시다.
"장맛이 짠 줄만 알면 공부할 수 있다."고 하신 만공 스님(滿空禪師)
께서도 공부를 하는 데는 도량(道場)과 도사(道師)와 도반(道件)이
있어야 한다고 하셨으니 미우나 고우나 대중이 머무는 곳에 함께
머무시길 진정으로 권합니다.

때로 중생 구제(衆生救濟)의 큰 뜻으로 하산(下山)하시는 스님들
도 계시지만 아무리 진중하고 명철하다 하여도 견성(見性)하지 못
한 상태에서는 명백히 희고 검은 것을 구별하지 못하기 때문에 정
성을 다해 불법(佛法)을 전한다고 해도 사실은 본인들의 소견이 될
뿐 부처님의 법과는 맞지 않는 허물만 만들고 다니는 어리석음을
저지를 수가 있습니다.

세속에서 유행하는 염불하고 경 읽고 보시하고 계를 지키는 유
위법(有爲法)에 빠져서 복을 짓고 복을 받고 생사윤회를 따르다 보
면 어느 세월에 무위법(無爲法)을 닦아서 생사를 초월하겠습니까?
오직 마음을 깨닫기 위해서 있는 참선법에 의지해서 정진합시다.

여러분도 잘 아시다시피 선성 스님(善星比丘)께서는 8만 4천 경
전을 다 외웠는데도 마음을 깨닫지 못해서 윤회를 면치 못했고 아
난 스님(阿難尊者)께서도 25년간 부처님을 시봉하시면서 다문제일
(多聞第一)이 되셨으나 견성하지 못하여서 부처님께서 열반하신 후
칠엽굴(七葉屈)에서 행한 제 1결집 때 가섭 스님(大迦葉)의 허락을
받지 못하여서 참석하지 못하고 문 밖에서 선 채로 용맹정진(勇猛
精進) 후 결집이 열리기 전날 밤에 지혜의 눈이 열려서 밝은 마음으

로 결집에 동참하게 됩니다.

참선법에는 들어서 알 수도 없거니와 혹 들어서 아는 척해도 다 소용이 없고 오직 수행해서 깨달아 알아야 하는 것이니 이 산중에선 배워서 아는 것과 깨달아 아는 것의 차이를 땅과 하늘로 봅니다.

자, 이제 그만 수승한 선객(禪客)에게는 대나무 빗자루로 물 똥 쓰는 소리 그만 두려고 하니 부디 길 없는 길로 떠날 분들만 무애가(無礙歌)를 부르며 탕탕히 떠나십시오.

고해 중생을 모두 걸망에 모아 메고 장삼자락으로 사바세계를 덮으며 훨훨 떠나십시오.

- 하안거 해제일

정과 혜가 근본이다

육조혜능 스님(六祖慧能禪師)께서 이르시기를, "나의 법은 정(定)과 혜(慧)로써 근본을 삼는다. 그러므로 정과 혜가 다르다 하지 말라. 정과 혜는 하나요, 둘이 아니다. 정은 혜의 본체(本體)요, 혜는 정의 작용(作用)이다. 곧 혜 안에 정이 있고, 정 안에 혜가 있다. 만약 이 뜻을 알면 곧 정과 혜를 함께 배운다."라고 하셨습니다.

즉 정과 혜는 등불과 같은 것입니다. 등이 있어야 불빛도 있는 것이지 등이 없으면 불빛도 없어지는 것이니 등은 불빛의 본체이고 불빛은 등의 작용이 되는 것이니 등과 불빛이 이름은 비록 다르나 본체는 하나인 것처럼 정과 혜도 또한 이와 같다고 생각합니다.

이곳 정혜사 능인선원(定慧寺 能仁禪院)은 조선 왕조의 오랜 배불숭유(排佛崇儒) 정책에 따라 날로 기운이 멸해가던 불교를 조선조 말에 새롭게 일으켜 세우신 '근대 선불교(禪佛敎)의 중흥조'이신 경허 스님(鏡虛禪師)과 그 제자이신 만공 스님(滿空禪師)의 수행과 교화의 자취가 서려 있는 곳입니다.

특히 만공 스님께서는 1900년대부터 40여 년을 덕숭산에서 주석(駐錫)하시면서 선불교의 요람인 이 도량에서 구름같이 모여드는 선승(禪僧)들의 눈을 밝혀 주셨으니 정혜사야말로 선불교 역사에 우뚝 솟은 뜻깊은 선원입니다.

예로부터 전단나무 숲 속에는 잡나무가 없고 깊고 울창한 숲 속에는 사자가 살고 있다고 했으니 도인이 많이 배출된 이 도량에서 함께 정진하시고 그 공덕으로 이 산중이 더욱 향기 그윽하고 밝은 빛이 솟아오르는 선찰(禪刹)이 될 수 있도록 이끌어 주십시오.

선원을 운영하다 보면 숱한 일을 겪게 마련입니다. 요즈음 초발심자(初發心子)들 중에는 안하무인병(眼下無人病)에 걸린 이치에 어둡고 지혜는 적고 간만 큰 스님들이 많은데 공연히 사견에 빠져서 이(理)와 사(事)를 구분 못하고 '텅 텅 비었다'고 외치며 인과를 무시하는 이들이 있습니다.

이분들은 자신도 모르는 사이에 마군(魔軍)의 권속(眷屬)이 되어서 파계(破戒)를 일삼고도 스스로는 무애행(無碍行)을 한다고 생각하니 더욱 큰 일입니다. 실로 계를 파하면 선신들이 돌아서고 재앙은 쫓아오니 단견(短見)으로 유(有)를 버리는 데 집착하면 공(空)에 떨어지는 것과 같이 불을 피하다 물에 빠져드는 격이니 모름지기 공부인의 자세로 하심(下心)하고 선지식을 모시는 마음으로 대중스님들 가운데서 정진하십시오.

수좌(首座)의 살림살이가 가는 것도 참선이요, 앉는 것도 참선이 되어서 일체가 다 편안한 경지라면 모를까, 이에 못 미친다면 누가 내 머리 위에 벌겋게 달은 무쇠바퀴를 돌릴지라도 화두만은 놓치지 않겠다는 일념으로 놓인 자리 항상 그대로 있는 대들보 마냥 좌복 위를 지키며 일체 시비에 관여 않고 정진해야 할 것입니다. 번뇌가 일더라도 지우려 말고 오직 화두만 챙기다 보면 불 속에서 핀 연꽃과 같이 결정코 시들지 않는 무한한 힘이 생길 것입니다.

대중이 얼마나 모였든 누가 모였든 공부 중에는 다 잊고 남이 나를 알아주고 안 알아 주고는 걱정하지 마시고 오직 내가 나를 순간 순간까지 잘 알아서 내가 내 자신에게 속지 않는가를 걱정할 일이며, 설사 남이 나를 비방하더라도 결코 걸려들지 마십시오.

진실을 왜곡시키는 일은 불로 허공을 태우는 것과 같아서 비방하는 사람이 더 괴롭게 되는 법이니 자신은 그저 바람 불어오는 대로 나부끼고 비 오는 대로 젖으면 그만이다라고 생각하고 물이 섞이듯이 섞여서 흐르며 한철 사는 겁니다.

선원생활의 근본은 생사대사(生死大事)를 끊고 견성성불(見性成佛)에 그 목적이 있는 것이니 복을 짓는 것에 매달려서 세월을 보내서도 안 됩니다. 복은 짓는 대로 얻는 것이니, 보시행이 복이 되어 돌아오는 것은 명백한 사실입니다. 하지만 복을 받는 이치는 허공에 쏘아올린 화살과 같이 화살의 힘이 다하면 다시 땅으로 떨어지듯 생사윤회를 벗어나는 것과는 차이가 있으니 오직 도 닦는 데에 힘을 써야지 복 짓는 데 마음을 먼저 빼앗겨서도 안 됩니다.

공부하는 납자(衲子)는 공부만 걱정하면 밥 값 다하는 것이니 사중 곳간의 쌀 걱정 하실 것도 없습니다. 도인은 하늘이 먼저 알아보고 수호하여 주시는데 공부 걱정 외에 할 것은 아무 것도 없습니다.

부처님 당시에 마갈타국의 빔비사라왕이 왕사성 근처에 수보리 스님(須菩提尊者)의 토굴을 짓다 지붕 씌우는 것을 깜박 잊고 전쟁터로 나갔습니다. 그런데 그 때부터 왕사성 일대에 가뭄이 들다가 왕이 전쟁에서 이기고 돌아와 정신을 차려서 스님께 참회하고 지붕을 이으니 그 때서야 단비가 내렸다는 기록이 있습니다. 이 사실 만 보아도 이 자리에 수보리 스님과 같은 도인이 계신다면 산중이 다 도인스님 덕에 먹고 사는 것이 됩니다.

만공 스님께서도 "닭이 백이면 봉이 하나니 백 명 대중 가운데는 눈 밝은 도인이 꼭 있는 법이다."라고 하셨습니다. 그러니 도가 복 을 불러 산중이 사는 겁니다.

논어(論語)에도 "지자(知者)는 현혹되지 않고 인자(仁者)는 근심 하지 않고 용자(勇者)는 두려워하지 않는다."고 하였듯이 세속의 선비도 안빈낙도(安貧樂道; 가난한 가운데서도 편안하게 도를 즐김)할 줄 아는데 청빈(淸貧)을 덕으로 삼는 출가자가 어찌 거친 음식과 남 루한 옷을 싫어하는 마음을 내고 도를 대신하여 부와 명예를 따를 것입니까?

중국에 허유(許由)라는 사람은 요(堯) 임금이 천하를 모두 물려 주겠다고 하자 세속의 더러운 말을 들었다고 투덜대며 강물로 달 려가 귀를 씻었던 인물입니다. 그의 몸에는 재물이 하나도 없어 물 을 마실 때도 손으로 마셨습니다. 이를 본 사람이 표주박 하나를 주 니 받아서 쓰고 나뭇가지에 걸어두었는데 바람 부는 날 흔들리며 소리를 내자 다시 표주박을 내버리고 이전처럼 손으로 물을 마셨 다고 합니다.

공부인은 그저 재물이 없어야 한가로운 법입니다. 제가 미국에 있을 때 보았던 '침묵의 수도원'이라는 카톨릭의 트라피스트 수도 처 신부님들은 출가시 청빈서약서를 써서 개인의 모든 재산권을 포기하고 평생을 노동과 함께 기도를 하면서 생활하는데 우리처럼 삭발하고 금육(禁肉)하고 묵언(默言)하며 하루 7번 기도하고 일생을 다하면 입었던 옷 그대로 매장됩니다.

그 중에 로버트 신부님은 출가 후 25년을 산 속 토굴에서 하루 9시간 명상하며 8년을 묵언했는데 그분 말씀이 "인간은 모두 신에게서 와서 인간의 모습으로 잠깐 있다가 다시 신으로 간다."라고 말씀하셔서 큰 감동을 받았습니다. 고금과 동서를 통해서 수행자의 향기는 청빈이 아닌가 생각합니다.

백장 스님(百丈禪師)의 일일부작 일일불식(一日不作 一日不食; 하루를 일하지 않으면 하루를 먹지 않는다)의 정신은 더 말씀드릴 것도 없습니다.

수좌는 산중 살림 걱정 놓고 화두정진만 하시는 것이 산중 살림살이를 제일로 도와주시는 것이고, 종단시비 놓아 버리고 화두정진만 하시는 것이 종단시비를 제일로 해결하는 것이라고 저는 이제껏 믿고 주지소임으로 대중스님들 모시고 살아왔습니다. 저는 꼬리 없는 소처럼 세속의 밭을 일구어 곡식을 거둘 것이니 대중스님들은 부디 좌복에서 농사 잘지으십시오.

끝으로 평소 제가 가슴 깊이 새겨온 사십이장경(四十二章經)의 말씀을 전합니다.

부처님께서 말씀하시기를,

"나는 왕의 자리를 문틈에 지나가는 먼지로 보며, 금과 옥의 보배를 기와 자갈처럼 보며, 흰 비단을 떨어진 누더기로 보며, 대천세계를 작은 겨자씨로 보며, 큰 못물을 발에 바르는 기름처럼 본다. 방편으로 여는 문은 변화한 보배 무더기로 보며, 위없는 진리(無上

乘)를 꿈속의 비단과 금으로 보며, 도(佛道)를 허공의 꽃처럼 보며, 선정(禪定)을 우뚝 선 수미산처럼 보며, 열반을 밤낮으로 깨어있는 것으로 보며, 삿되고 바른 것을 여섯 용이 춤추는 것으로 보며, 평등을 참되고 한결같은 땅으로 보며, 일고 지는 세상의 변화를 철따라 피고 지는 나무와 같이 본다.”

– 하안거 반산림일

매화꽃 향기

흰 눈 속에서 소나무의 푸르름이 더욱 빛나고 어둠 속에서 폭포수의 소리가 더욱 힘차듯 혼탁한 시대에 선풍(禪風)은 더욱 청량합니다. 도안(道眼)을 갖추어 어두운 세상을 밝히고 자비심으로 가엾은 중생들을 구제하려는 원력으로 정진하러 덕숭산에 오신 여러분을 진심으로 환영합니다. 저도 이 산중의 어른스님들의 덕화(德化)로 화두(話頭)를 받아 살아온 지 40여 년이 지났습니다.

처음 참선법(參禪法)을 배울 때는 숨쉬는 것은 잊어도 화두는 안 잊어서 얼른 도를 깨쳐서 부처님과 부모님, 스승님, 시주님 등 일체 모든 생류(生類)의 은혜를 갚아야겠다고 다짐했었는데 돌이켜보면 아쉬움이 많습니다.

마음 하나 가지고 하는 공부지만 그게 어디 쉽습니까? 마음이라는 것이 묘(妙)하고 변화무상(變化無常)하여 뜨거울 땐 맹렬한 불길보다 더 뜨겁고 찰 때는 엄동설한(嚴冬雪寒) 얼음 덩어리보다 더 차갑고 빠를 때는 눈 한번 깜박일 동안에 온 세상을 다 돌아다니고 가만히 있을 때는 깊고 고요한 듯하다가 움직일 때는 성난 파도가 하늘까지 닿는 듯하니 일상에 여여(如如)하게 정진한다는 것이 칼끝을 걷는 것만큼이나 어려운 것입니다.

그러나 행자(行者) 때부터 이 날까지 참선만이 살 길이라는 신념에 변함이 없는 것은 신령한 이 마음만이 모든 법의 왕이며 모든 부처님께서도 이 마음을 깨달은 자리에서 나셨기 때문입니다.

가장 존귀하고 도의 근원이 되는 것이 바로 이 마음이니 마음공부 외에 더 이상 무슨 수행이 있겠습니까? 산중에 선지식을 모시며 사는 것을 그 때나 지금이나 큰 복으로 알고 있습니다.

만공 스님(滿空禪師)께서 "사람이 만물 가운데 귀하다는 것은 나를 찾는 데 있다."라고 하신 법훈(法訓)을 늘 가슴에 새기고 있습니다. 만공 스님께서 대도인이 되신 것도 이 마음을 보셨기 때문이요, 삼세의 모든 부처님께서 깨치신 것도 이 마음이고, 삼세의 모든 보살님께서 공부하신 것도 이 마음이며, 팔만사천 대장경의 내용도 다 이 마음을 드러낸 것이고, 모든 조사스님들께서 서로 전하신 것도 이 마음이니 마음 공부야말로 수행의 주춧돌인 것입니다. 정진하다 보면 크고 작은 장애는 따르기 마련인데 저는 평소 '장애가 지혜의 씨앗이다' 라고 생각하고 다가오는 그대로 수용하면서 살아왔습니다.

장애에 좌절할 것도 없고 피할 것도 없고 내가 갈 길 가다 보면 밤하늘에 구름과 연기가 사라지면 밝은 달이 저절로 드러나는 듯 마음 공부도 이와 같아서 무명(無明; 어리석음)의 그늘이 사라지면 사라진 자리만큼 지혜의 밝은 빛이 나타나므로 부처님의 가피 속에 화두를 노를 삼아 세월의 강을 이만큼 건너왔습니다.

오늘 견성암(見性庵) 대중스님들께서 저를 청하여 자리를 마련하셨으니 지금부터는 견성에 대하여 조사스님들의 가르침을 말씀드리겠습니다.

저 중국 남북조시대의 달마 스님(達磨大師)께서 말씀하시기를 "만약 부처를 찾고자 한다견 견성을 하라. 견성하지 못하면 염불을 하거나 경을 외우거나 계를 지켜도 온전한 이익이 없다. 염불하면 인과를 얻고 경을 외우면 총명함을 얻고 계를 지키면 천상에 나고 보시하면 복을 얻기는 하겠지만 결코 부처는 되지 못한다."고 하셨습니다.

육조단경(六祖壇經)에 혜능 스님(慧能禪師)께서 견성에 대해 이르시기를 "여러분! 나의 법문은 8만 4천의 지혜를 자유자재로 작용시키고 있다. 왜냐하면 세상 사람들이 8만 4천의 번뇌가 있기 때문이다. 만약 번뇌가 없으면 반야의 지혜는 항상 자기의 본성(本性)에 있고, 본성을 여의어 있는 것이 아니다. 이 도리(道理 · 法)를 깨달은 사람은 망념이 없는 무념(無念)인 것이며, 어떤 존재에도 집착됨이 없는 무집착이다. 허망된 망상이 일어나지 않는다면 그대로가 진실의 자기인 것이다. 지혜도 관조하여 일체의 모든 존재를 취하거나 버리지 않으면 견성(見性)하여 불도를 이루는 것이다."라고 하셨습니다.

보편적으로 선학(禪學)에서는 견성을 스스로 각자 자신의 성스러운 불성을 깨닫고 불도를 이루어 인격완성을 이루는 것이라고 말하는데 견성성불(見性成佛)이 곧 선불교의 궁극적인 이상인 것입니다.

'견성'이 얼마나 가슴 벅찬 말이며, 사명(寺名)이 견성암인 이 곳에서 견성 외에 또 무슨 할 일이 있겠습니까? 이 곳은 최초 비구니

선원으로 건립된 견성을 목표로 일상사를 행하는 곳입니다. 성품에는 남녀의 차별이 없고 오직 형상의 차별이 있을 뿐이니 이 도량에 발을 디뎠으면 비구니라는 관념(觀念)과 타성(惰性)을 버리고 대장부의 기개로 용맹스럽게 정진하여야겠습니다.

견성법은 절대 평등이라 백정(白丁)도 견성을 해서 큰 소리 탕탕치는 것이 문헌(文獻)에 얼마든지 있거늘 스스로 성별에 차별심을 내어 자잘한 살림을 짓지 마십시오.

옛이야기 하나 해드리자면 저도 우리 노스님(碧超禪師) 밑에서 있을 때 이 곳에 와서 운력(運力)했습니다. 그 때 무슨 마음으로 했겠습니까? 그저 이 도량에 훤출한 비구니 도인이 나오길 원했고 지금도 그 마음엔 변함이 없습니다. 돌이켜보면 그 때는 그래도 이 산중에 이 나라에 도인이 나와야 한다는 생각으로 도인스님들 밑에서 비구가 비구니 절 짓느라고 돌 깨고 지게 지고 험한 일을 기쁜 마음으로 했던 아름다운 시절이었습니다.

경허 만공 가풍(鏡虛滿空家風)이 아니면 참으로 이루어지기 어려운 불사를 우리 노스님이 중심이 되어서 이루신 것입니다.

저는 오늘날에도 가만히 생각해 보면 우리 노스님이 그렇게 감사할 수가 없습니다. 우리 노스님은 제가 지금처럼 돌아다닐 것을 아시고 행자 때 하루는 콩을 한 자루 주시며 골라 오라고 하셔서 혼자 밤늦도록 골라서 가져가니 고생했다고 하시면서 그 날로 화두를 주셨습니다.

그리고 늦은 밤에 제 손을 잡고 대웅전 앞 마당으로 나가셔서 제게 "지금 받은 화두를 생각하며 마당을 질러가다가 놓치면 되돌아오너라.”고 하셔서 저는 그 때 금방 될 줄 알고 ‘예’ 해 놓고 밤새 왔다 갔다 했는데 우리 노스님이 저를 지켜보시며 새벽까지 다루에 앉아 계셨습니다.

지금도 그 때를 생각하면 가슴이 뭉클해지고 노스님의 은혜를 갚을 길이 없다고 생각합니다. 여러분들도 오늘 보름달 아래서 화두를 안고 긴 포행을 해 보시고 각자의 살림살이를 챙겨보시는 것도 의미 있는 밤이 될 것입니다.

중국 송나라시대 라대경(羅大經)이 편집한 『학림옥로(鶴林玉露)』에 나온 어느 무명의 비구니 스님의 오도송(悟道頌)이 하도 좋아서 몇 십년째 애송해왔는데 오늘 이 자리에서 다시 한번 읊습니다.

“종일토록 봄을 찾아도 봄은 보이지 않아라
짚신이 닳도록 롱두산 꼭대기 구름 속을 헤매었네.
돌아와 매화꽃 향기 속에 미소 띠며 걷노라니
봄은 매화가지 끝에 벌써 가득히 와 있었네.”
盡日尋春不見春
芒鞋踏遍隴頭雲
歸來笑撚梅花嗅
春在枝頭已十分

－ 동안거결제일

보리심을 발하여

부처님께서 사십이장경(四十二章經)에 말씀하시기를, "비록 악도를 여의었더라도 사람의 몸을 받기 어렵고, 사람의 몸을 받았더라도 남자로 태어나기 어렵고, 남자로 태어났더라도 육근(六根; 안근, 이근, 비근, 설근, 신근, 의근)이 완전히 갖춰지기 어렵고, 육근이 완전히 갖춰졌다 하더라도 좋은 곳에 태어나기 어렵고, 좋은 곳에 태어났다 하더라도 부처님 계신 때를 만나기 어렵고, 부처님 계신 때를 만났더라도 수도하여 깨친 사람을 만나기 어렵고, 수도하여 깨친 사람을 만났더라도 믿는 마음 내기 어렵고, 믿는 마음을 냈다 하더라도 깨달으려는 마음(菩提心)을 내기 어렵고, 깨달으려는 마음을 냈다 하더라도 닦을 것도 없고 얻을 것도 없는 곳에 나아가기 어렵다."고 하셨습니다만 다행히 우리는 장부로 부처님 법 만나서 보리심을 내었으니 이제 도업(道業)을 성취하는 일만이 남았습니다.

학인으로 이 산중의 대중의 일원이 되셨으니 태산 같은 자부심을 가지고 부지런히 경학(經學)에 힘쓰십시오. 미물인 나는 새도 쉴 때는 반드시 숲을 가려 쉬는 신중함이 있는데 학인이 배움을 구하면서 아무 곳에서나 스승 없이 살아서는 인생을 망치기 십상입니다.

만공 스님(滿空禪師)께서 초심자(初心者)에게 당부하시기를 "공부인은 모름지기 도량(道場), 도사(道師), 도반(道伴)을 잘 만나야 한다."고 하셨습니다. 또 중국의 천태 스님(天台禪師)께서는 "오직 선지식(善知識)을 만나야 한다. 선지식에는 수행을 도와주는 외호선지식(外護善知識)과 함께 공부해가는 동행선지식(同行善知識)과 바른 법을 가르쳐주는 교수선지식(敎授善知識)이 있는데 선지식을 만나야 한다."고 말씀하셨습니다.

학인 여러분들께서는 천진한 마음으로 방장(方丈; 총림의 가장 어른스님)을 비롯한 선지식을 정성껏 모시며 모름지기 선지식을 의지하여 어두운 눈을 떠서 경전의 한 구절 한 구절을 옥을 다듬어 부처님의 상을 만들고 돌을 깎아 탑을 세우고 금단에 영산회상도(靈山會相圖)를 새겨나가듯 혼신을 다해서 배우고 읽고 외우고 뜻을 밝혀서 실천에 옮겨야 합니다.

덕숭산의 가풍이 지금은 선풍(禪風)이 강한 곳이나 창건 역사를 보나 백제 때 혜현 스님(惠現大師)의 전기를 보나 법화신앙(法華信仰)이 깊고 교학도 깊었던 곳입니다.

혜현 스님에 대하여 잠시 말씀드리자면 스님께서는 이 도량에서 항상 법화경을 외우셨고 삼론(三論)을 전공하시어, 늘 강설(講說)을 하셨는데 그 때는 이 산중 골짜기마다 법화경 읽는 소리가 주야로 끊이지 않았다고 합니다. 스님께서 임종하신 후 생전의 유언에 따라서 매장을 하였다가 3년 후 화장으로 모시려고 관을 여니 몸의 다른 곳은 사대(四大)가 흩어졌으나 생전에 경을 독송하시던 혀는 선홍색 그대로 남아 신비로운 향기를 내고 있었습니다. 화장 후에도 혀는 그대로 남아 있어서 부도에 모시니 지금은 그 자취를 찾을 길이 없고 중국에 유학하신 적이 없으셔도 그 명성이 널리 퍼져서 당나라 고승전에 스님의 행장(行狀)이 실려 있고 삼국유사(三國遺事)에도 낱낱이 적혀 있습니다.

또 근대에 들어서 선불교의 중흥조(中興祖)이신 경허 스님(鏡虛禪師)께서 수법제자(受法弟子)들을 키우신 도량으로 기라성 같은 선객들의 행적(行蹟)이 생생히 살아 숨쉬는 총림입니다.

경허 스님께서는 대선사이시기 이전에 강백(講伯)으로서 이미 20대에 계룡산 동학사(東鶴寺)에서 강을 시작하셨고 30대에 조실(祖室)로 추대되시어 주석(駐錫)하시다 이 곳으로 오셔서 보임(保任)하시며 납자들을 지도하셨습니다.

저도 여러분들처럼 사미(沙彌)시절이 있었는데 그 때 경허 스님의 '중 노릇 하는 법'이라는 글이 얼마나 좋았던지 자다가도 일어나서 외우고 밭 매다가도 호미로 장단 치며 외우고 마당 쓸다가도 빗자루로 써보고 어쩌다 큰절에서 정혜사로 심부름 가는 일이 있으면 중간에 금선대(金仙臺)에 꼭 들러서 스님 진영(眞影)에 절하며 외우고 그랬습니다.

이 자리에서 잠시 말씀드리면, "대저 중노릇 하는 것이 작은 일이리오. 잘 먹고 잘 입기 위하여 중노릇 하는 것이 아니라 부처 되어 살고 죽는 것을 면하고자 하는 것이니…"

지금도 경허 스님의 법어(法語)를 접할 때마다 스님에 대한 존경심과 그리움이 넘쳐납니다. 오늘날 방장스님을 비롯하여 전국에서 호탕하고 훤출하게 설법하는 비구, 비구니의 본사를 살펴보면 이 산중스님들이 큰 맥을 형성하고 있으니 이 모든 것이 역사 속에 면면이 이어져온 이 산중의 덕화요, 저력이라 할 수 있습니다. 그러므로 여러분들도 이 산중에 승가대학을 개원하면서 입교한 인연을 남다르게 생각하고 정진해야 합니다.

"선(禪)은 부처님의 마음이요, 교(敎)는 부처님의 말씀이다."라고 서산 스님(西山大師)께서 말씀하셨으니 마음을 잘 알면 말씀을 잘 이해할 수 있고 말씀을 잘 따르다 보면 마음을 잘 이해할 수 있으니 이해에는 선후의 차이가 있으나 마음과 말씀 자체에는 조금도 차이가 없으니 부디 교학을 가벼이 여기는 어리석음을 짓지 말고 부지런히 정진하십시오.

돌이켜보면 삼국시대부터 우리 민족문화를 불교사상으로 이끌어 왔음에도 오늘날 민족종교로서 굳건한 자리를 지켜가지 못하는 것은 외세(外勢)의 힘을 얻은 타종교에 비해 사회적으로 포교, 출판, 복지사업의 기반이 약하고 활동이 미비한 탓도 있지만 출가자 개개인이 경율론(經律論)의 연구와 실천이 부족하고 너무 쉽게 정법(正法)보다 비법(非法)으로 살아가고 있는 탓도 크다 하겠습니다.

늘 제가 우리 승가의 앞날이 걱정스러운 것은 예전에 없던 병이 생겼는데 그 병폐가 점점 더 커져서 이 자리에서 밝혀드리니 각자 진단해서 처방하십시오.

첫째는, 승려가 일하지 않고도 시주밥을 먹으려 드는 것이요, 둘째는, 승려가 공부하지 않고도 시주밥을 먹으려 드는 것이요, 셋째는, 스승은 애써 가르치려 하지 않고 제자는 힘들여서 배우려 하지 않는 것입니다.

이래서는 우리 승가의 앞날과 불교의 앞날에 희망이 없습니다. 대중스님 모두 깊이 생각해 볼 문제입니다. 가르치려는 스승이 계실 때 열심히 배워야 합니다. 반야경(般若經)에 수보리 스님(須菩提尊者)께서 부처님께 여쭙기를 "새로 진리에 뜻을 낸 보살은 어떻게 반야바라밀(般若波羅蜜)을 배워야 합니까?" 하시니 부처님께서 "새로 진리에 뜻을 낸 보살이 반야바라밀을 배우려 하면 먼저 반야바라밀을 말할 수 있는 선지식을 모셔야 한다."라고 하셨습니다.

이 말씀만 보아도 오늘 이 자리의 학인스님들은 얼마나 복이 많은 것입니까? 산중에 눈 밝은 선지식 즉 방장스님이 계셔서 학인스님들이 뒤섞여 있고 뒤엉켜 있어도 옥(玉)과 석(石)을 구별하듯 분명히 구별하셔서 제 값을 쳐주실 것이고 소금물처럼 한 그릇에 녹아 있어도 소금과 물처럼 분리해서 맛을 인정해 주실 것이니 오직 채찍의 그림자만 보고도 달릴 수 있는 명마처럼 지혜를 닦고 혼신을 바쳐서 선지식의 가르침을 따르면 흐르는 물은 언젠가는 바다에 들듯이 이 자리의 학인스님 모두 불법대해(佛法大海)에 들게 될 것입니다.

불법대해의 한 몸이 되기를 기약하며 학인스님 여러분의 앞날에 부처님의 가호가 함께하시길 축원합니다.

승가의 영원한 꽃 학인. 승가의 찬란한 꽃 학인, 학인 만세!

- 승가대학 개원식

하루를 살아도 좋으니

계율 없이 악하게 백년을 사느니
명상하면서 착하게 하루를 사는 것이 더 나으리

무지와 방종 속에 백년을 사느니
깨달음과 명상을 추구하며 하루를 사는 것이 더 나으리

게으르고 노력하지 않으면서 백년을 사느니
힘써 노력하고 정진하며 하루를 사는 것이 더 나으리

모든 것의 근원과 소멸을 생각하지 않고 백년을 사느니
모든 것의 근원과 소멸을 생각하며 하루를 사는 것이 더 나으리

불멸을 모르고 백년을 사느니
불멸을 알고 하루를 사는 것이 더 나으리

최상의 교의를 모르고 백년을 사느니
최상의 교의를 알고 하루를 사는 것이 더 나으리

-법구경

기쁨 속에 피어난 연꽃

　사람으로 태어나 평생을 살아가면서 삶의 지표로 삼고 섬길 수 있는 스승을 만난다는 것은 참으로 크나큰 행운이 아닐 수 없습니다. 사람들 중에서도 깨달음에 목적을 두고 형이상학(形而上學)에 몰두하는 수행자에게 길을 제시해 주는 스승의 존재는 어둠 속의 빛과 같습니다.

　처음 발심출가(發心出家)하여 태산을 옮길 만한 신념이 있더라도 바른 스승을 만나지 못하면 아무리 애를 써도 공부의 방향을 제대로 잡지 못해서 뜻을 이루지 못할 수도 있기에 스승의 존재는 참으로 중요합니다.

　법등(法燈)을 지닌 선지식을 만나는 인연은 과거세로부터 선업(善業)을 많이 지었어야 금생에 주어지는 큰 복이니 이는 참으로 정법을 지닌 스승을 만나야 정법을 배워서 정법을 깨달아 정법을 잇고 전할 수 있기 때문입니다.

　오늘날 불교가 청정한 교단과 지혜롭고 자비로운 교단 쪽으로만 발전해가지 못하고 때로는 많은 잘못된 쪽으로 가는 것도 기본적으로 교육과 수행의 부족으로 인한 것이 많다고 생각합니다.

　스승이 책임감을 가지고 제자들을 이끌려는 마음이 부족하고 제자 또한 스승의 뜻을 모름지기 받들어 행하려는 뜻과 노력이 없으며, 스님들은 신도들을 엄하게 가르치려는 의지가 없고 신도들은 정법을 가르치는 스님보다 다정하고 술법(術法)을 쓰는 스님을 찾아 몰려다니니 참으로 우리 집안의 일이 걱정입니다.

스승과 제자가 법으로 맺어진 인연인데도 불구하고 세상의 인심 따라 의리와 은혜를 저버리고 자신의 이익을 위해 떠난다면 어느 세월에 정법이 서고 눈 밝은 도인들이 배출되겠습니까? 저는 본래 둔기(鈍器)라 이 세상 가운데 내세울 것이 없으나 불문(佛門)이 들어와 맺어진 인연복(因緣福) 하나는 남들에게 망설임 없이 자랑할 수 있습니다.

위로는 부처님을 모시고 근대 선불교의 중흥조이신 경허 스님(鏡虛禪師)의 골수정신(骨髓精神) 면면이 이어져온 이 곳에서 평생을 몸담고 살 수 있다는 것이 너무도 다행스럽고 감사할 따름입니다. 우리 스님(德崇叢林 方丈 圓潭 禪師)의 천진무구(天眞無垢)하신 성품, 어린아이와 같은 미소는 말씀이 없으셔도 법어(法語)의 극치이시니 스님을 모시는 것만으로도 저는 기쁘기 그지없습니다.

불법에는 흥하고 쇠할 것이 없으나 따르는 무리들의 신심과 수행에 따라 차별이 있고 불법에는 귀하고 천한 것이 없으나 그 또한 따르는 무리들에게 귀하고 천한 것이 있으니 수행을 많이 하신 귀한 어른을 모시는 것이 어디 쉬운 인연이겠습니까?

저는 우리 스님을 모시면서 젊은 날부터 주위에서 누가 뭐라고 하더라도 마음 속으로 '우리 스님은 도인이시니 거친 회오리바람이 천 번 만 번 몰아쳐도 쓰러지지 않는 쪽이 분명히 있을 것이고

등잔 밑이 어두운 법이니 가까이에서 정성껏 모시다 보면 남들이 미처 보지 못한 부분이 분명히 있을 것이다.' 라는 확신으로 세밀히 살피면서 모시다 보니 남들이 스님의 근본까지 보지도 알지도 못하는 것까지도 저는 보고 알게 되어 공부에 큰 도움을 받았습니다.

요즈음 스님들은 어른을 잘 섬기지 않는 병폐가 있는데 이것은 지혜가 부족하여 잠시 거짓으로 이루어진 이 몸에 따른 욕심과 집착을 진실된 것으로 알고 교만을 부리고 자신만을 높여서 대접을 받으려 하는 풍조에서 기인한 것입니다. 스승을 가벼이 여기고 그 인과로 도와는 점점 멀어지고 복은 점점 박해지는 것이니 이제부터라도 도와 복을 구하려 하면 모름지기 '나' 라는 상(相)을 꺾고 공손히 예의를 갖추어 스승을 섬겨야겠습니다.

달마 스님(達磨大師)의 법을 받은 혜가 스님(慧可禪師)께서도 처음 입문(入門)할 때에 눈 속에 앉아서 왼팔을 끊어 바치지 않았습니까? 주역(周易)에도 "겸양은 덕의 자루와 같다." 하였고, 서경(書經)에도 "네가 자랑하지 않으면 천하는 너와 다투지 않는다." 하였으니 도를 배우는 자가 어찌 스승 앞에서 자신의 뜻을 송곳처럼 세워서 스승을 불편하게 하겠습니까?

오직 스승을 믿고 따르다 보면 스승도 이에 감동하시어 자신의 깨달음을 지성껏 전하시고 모자라는 것은 또 새로운 스승에게 인도하여서 스승보다 뛰어난 제자로 길러내 주실 것입니다.

중국 동진(東晋) 때 도안 스님(道安大師)이 계셨는데 당시 사람들이 찬탄하기를 "하늘 아래 전체에서 오직 석도안(釋道安) 한 사람뿐이다."라고 했습니다. 그런데 도안 스님도 12세에 출가하셨으나 생김새가 뒤떨어지고 추해서 3년 동안 은사스님 밑에서 행자로 궂은 일만 하시다가 하루는 스님께서 주신 변의경(辯意經)을 한 나절 동안 밭에서 일하시며 다 외우셨습니다.

이에 출가(出家)를 시키시고 곧 불도징 스님(佛圖澄大師)에게 보내시니 불도징 스님께서 단번에 알아보시고 "명마가 훌륭한 마부를 만나지 못하여 소금가마나 끌고 다녔구나." 하시며 바르게 교육시켜서 천하제일 스님을 키워내셨으니 도안 스님이 3년 동안 참고 스님을 모시지 않았다면 어떻게 이 일이 이루어졌으며 은사스님 또한 자신의 실력을 인정하고 머리 굽혀서 불도징 스님에게 보내지 않았으면 또 어떻게 이 일이 이루어졌으며 불도징 스님께서 가르치지 않았다면 또 어떻게 이루어졌겠습니까?

양심적인 은사스님 만나서 큰 도는 못 배웠어도 인연을 맺어주신 은혜 또한 크다고 저는 생각합니다. 제가 오늘 이 자리에서 불사는 찬탄하지 않고 왜 계속 스승과 제자 사이의 인연을 강조하는가 하면 이 도량의 불사야말로 일찍이 일엽 스님(一葉禪師)께서 위로는 선지식을 잘 모시고 자신은 늘 하심(下心)하시며 아래로는 제자들을 잘 길러내신 결과라는 생각이 앞서서 그럽니다.

이 곳이 유서 깊은 유명사찰이 되어서 전 국민의 관심과 애정이 서리게 된 것도 일엽 스님의 공덕이라고 생각되고 그래서 이 불사도 더욱 원만히 장엄하게 이루어진 것이라는 생각이 듭니다.

스님께서 생전에 탁월하신 안목으로 비구니 수행도량 건립에 힘쓰시고 교육에 힘쓰시며 인재불사에 힘쓰신 결과 오늘날 훌륭한 제자를 배출해서 가람불사가 이루어진 것이니 인재불사가 곧 가람

불사요, 정신불사가 곧 물질불사라는 생각 또한 듭니다.

언젠가 공림사 감인선원(堪忍禪院)을 지으시고 칠순 연세에도 대중과 함께 정진하시던 진공 스님(眞空; 呑星禪師)을 뵈오니 말씀하시기를 "한 철에 공부하려고 애쓰는 수좌 한 두 명 보고 선방 외호하는 겁니다. 대중이 다 애쓰길 바랄 수는 없지요. 한 명이라도 외호할 수 있는 것이 어딥니까?" 하시며 빙그레 웃으셨는데 저도 가끔 그 생각을 하면서 기쁜 마음으로 대중스님들을 외호합니다.

사실 모든 스님들이 한 철에 모두 깨달음을 얻을 수는 없을 겁니다. 하지만 무심도인(無心道人) 한 분이라도 그 가운데 계시리라 믿고 가람불사도 하고 대중 외호도 하는 것입니다. 훌륭한 가람이 이루어진 만큼 훌륭한 인재가 배출되기를 바라며 일엽 스님 영정에 향을 사룹니다.

이 도량에서 이 시대를 앞서가는 탁월한 인물이, 일엽 스님에 버금가는 제자가 배출되기를 기원합니다.

- 일엽 스님 다례일

안심입명

한국선의 대표라고 할 수 있는 덕숭총림(德崇叢林)에서 선학연구원 무불선원(無佛禪院)을 도심에 개원하게 된 목적은 선의 실천(참선; 參禪)을 통한 직관적 깨달음(선의 체험; 禪)과 지성적 사유를 통한 선에 대한 이해와 지식(선의 연구; 禪學)을 병행하여 지도함으로써 다가오는 21세기의 인류가 나아갈 길을 밝게 제시하는 데 있습니다.

전통선원에서의 선사들의 지도법인 화두선(話頭禪)만으로는 현대인들에게 선을 생활화하도록 하는 데 많은 어려움이 따르므로 '직접 물을 마시고 차고 더운 것을 스스로 깨닫게 하는 방법(冷煖自知)'만을 내세우던 것을 수정하여 선을 학문적으로 연구하여 이룩된 지식을 선학자를 통하여 좀더 체계적으로 참선과 선학을 교육을 통해 수행해가는 것으로 방향을 정했습니다.

깨달음의 종교인 불교에서 그 실천방법으로 기초부터 부처님의 말씀을 믿고(信) 그 가르침을 정확하게 이해(解)하고 올바르고 적극적인 실천(行)으로 부처님과 똑같은 깨달음의 경지를 증득(證)하도록 가르치려고 합니다.

불교의 수행단계를 나타내는 위의 가르침은 그 바탕이 다른 종교와 같은 믿음으로 되어 있습니다. 화엄경(華嚴經)에 "믿음(信)은 도의 근본이며 공덕의 어머니"라는 말씀과 『대지도론(大智度論)』에 "불법(佛法)인 진리의 세계는 믿는 마음이 철저해야 능히 그 속에 들어갈 수 있다."라는 말씀을 명심해야겠습니다.

우리가 깨달음의 경지를 증득하기 위해서는 결국 우리도 깨달을 수 있다는 것을 믿어야 하는데 열반경(涅槃經)에 보면 부처님께서 "일체 중생이 모두 불성(佛性)이 있다."라고 하신 말씀이나 법화경(法華經)에 이르신 "일체 중생에게 부처님의 지견(知見)을 열어보이시고 깨닫고 각자가 부처님의 지혜를 증득하도록 하게 하기 위해서 이 세상에 출현하셨다."는 말씀이나 화엄경(華嚴經)에 "불자여! 여래의 지혜, 무상(無上)의 지혜, 무애(無碍)의 지혜가 모두 중생들에게도 갖추어져 있지만 단지 어리석은 중생은 전도(顚倒)된 망상(妄想)으로 뒤덮여져 있어 그 사실을 알지 못하고 보지도 못하고 있다. 그래서 신심을 일으키지 못하고 있다."라는 말씀을 통해 우리에게 내재된 불성을 믿고 실천해야 하는 것입니다.

즉 화엄경의 "마음과 부처와 중생, 이 셋은 차별이 없으며 똑같다."는 가르침을 토대로 '마음을 보아 부처를 이룬다(見性成佛)'라는 확고한 신념으로 참선에 몰입하여 깨달음을 향해가는 것입니다.

선이라는 것이 그 역사가 비록 고대 인도의 토착민들로부터 비롯된 명상법인 요가(yoga)에 그 근원을 두고 있기는 하나 불교에서의 선은 부처님의 수행을 통한 선정(禪定)에 따라 결과적으로 우주 만법이 본질 즉, 진리를 깨닫는 방법으로서 그 의미가 있다고 하겠습니다.

그러므로 선불교란 부처님과 조사들의 가르침에 의지하여 스스로 인간의 근원적인 본질을 깨닫고 우주의 진리를 깨달아 참된 자아로써 늘 깨어있는 삶을 영위하는 것이라고 할 수 있습니다.

인도에서 시작된 단순한 명상법이나 번뇌를 소멸하여 고요함에서 머무른 차원이 아니라 불성을 깨달아 깨달은 자, 깨달은 보살(覺有情)로서 일상을 법답게 지어가는 것이 선불교의 이상이라 할 수 있는 것입니다.

저는 개인적으로 마조도일 스님(馬祖道一禪師)의 "평상심이 진실된 도이다(平常心是道)"라는 말씀을 대단히 좋아합니다. 선의 실천을 통해 이룬 깨달음을 일상생활로 전개시키는 선불교의 극치에서 나온 말씀이라 생각합니다.

또 임제 스님(臨濟禪師)의 "어디에서나 주인이 되어 살라(隨處作主)"라는 말씀도 좋아합니다. 언제나 어디서나 주인이 되어서 살아가는 진실한 삶이야말로 무엇보다도 적극적인 선불교의 실천적 삶이며 주인이 되어서 살아가는 책임 있는 삶이야말로 자아의 주체를 주위의 환경, 경계, 관념, 권위, 위선, 가식에 잃어버리지 않고 살아가는 가장 위대하고 장엄하고 아름다운 삶이라고 생각하기 때문입니다.

깨달음을 통해 주인이 되어 늘 편안하게 살아가는 삶, 즉 안신입명(安身立命)의 삶이야말로 가장 진실한 선사의 삶이 아니겠습니까?

출가 후 40여 년이 넘게 선가(禪家)의 어른스님들을 모시면서 근래에는 수덕사 주지소임을 보면서 어떻게 하면 선불교를 현대인들과 함께 공감대를 형성하면서 바르게 발전시켜 나갈까 늘 생각해 왔는데 이제 무불선원을 개원하게 되어서 그 숙제를 한 부분 풀어 나가게 되었습니다.

이 선원을 통해서 현대인들이 종교의 벽을 초월해서 누구나 다 참선을 해서 자신의 주체를 깨닫고 우주의 법칙을 확연히 알아서 참된 인생관으로 진실된 행복을 누리며 살 수 있게 되기를 서원합니다.

사실 고금을 통해 인생에 대하여 자신에 대하여 사유하는 사람들은 동서양을 막론하고 자기 자신을 알아야 한다고 주장해 왔습니다. 그리스의 철학자 소크라테스는 "너 자신을 알라"라고 하셨고, 중국의 노자(老子)께서는 "남을 아는 것은 지(知)이고, 자기 자신을 아는 것은 명(明)이다. 지혜 있는 사람은 자기 자신을 아는 사람이다."라고 하셨고, 만공 스님께서는 "사람이 만물 가운데 가장 귀하다는 뜻은 나를 찾아 얻는 데 있느니라."라고 하셨습니다.

이렇듯 자기 자신을 찾는 일은 인간에게 있어서 가장 중요한 것임을 아무리 강조하여도 지나치지 않습니다.

선가에서는 자신의 근본을 깨달아 생사문제를 해결한 사람을 대장부, 자유인, 본래인(本來人), 해탈인, 무위진인(無爲眞人), 요사범부(了事凡夫; 일을 마친 범부)라고 합니다.

요사범부라는 말이 나온 김에 방거사(龐居士)의 시 한 편을 떠올립니다. 당나라 때 과거 시험을 보러가다 선불장(選佛場)이라는 현판을 보고 마조 스님의 문하에 들어 깨달음을 얻은 방거사는,

"마음이 여여하니 경계 또한 여여하다.
실다움도 없으며 또한 헛된 것도 없어라.
있음에도 또한 관계치 않고
없음에도 또한 머무르지 않으니
이는 현인도 성인도 아니며
일을 마친 범부일 뿐일세.
心如境亦如
無實亦無虛
有亦不關
無亦不居
不是賢聖
了事凡夫"

스스로를 요사범부라 할 수 있었던 방거사야말로 근원적인 자신의 불성을 깨닫고 본래의 평상심으로 자신이 주인이 되어 일체의 관념이나 지식은 물론 주위의 환경과 조건을 초월해 선(禪)적인 삶을 유유자적하게 누린 도인인 것입니다.

일상에 있어서 지혜만이 온전한 행복의 세계로 들게 합니다. 자신과 사물의 본질을 꿰뚫어 보는 지혜야말로 고통의 세계를 벗어날 수 있는 유일한 방법을 제시하기 때문입니다. 불완전을 완전으로 무상을 유상으로 순간을 영원으로 알고 살아가는 현대인에게 끝으로 경허 스님께서 만공 스님에게 이르신 한 말씀을 전할까 합니다.

만공 스님께서 경허 스님을 모시고 산중에 들어서셨는데 갑자기 소나기가 퍼부어 스님을 모시고 바위 굴 속으로 들어가셨습니다. 그 때 경허 스님께서 단단하고 큰 바위로 된 천장을 자꾸만 올려다 보시며 유심히 살피셨습니다.

만공 스님께서 궁금하시어 "스님은 왜 자꾸 천장을 올려다보십니까?" 하고 여쭈시니 스님께서 "이 바위가 내려앉을까 염려가 되어서 그러네." 하셨습니다. 만공 스님께서 "스님, 이 큰 바위가 내려앉을 리가 있겠습니까? 걱정 마십시오." 하시니 스님께서 넌지시 이르시기를, "이 사람 만공, 가장 안전한 곳이 가장 위험한 곳이라네."라고 하셨습니다.

자, 그럼 이제 다 같이 살펴봅시다. 지금 앉아있는 이 자리가 위험한 자리인지 안전한 자리인지를… 답은 항상 질문 속에 있는 법입니다.

- 무불선원 개원식

보살도를 닦으리

부처님께서 석가족(釋迦族)의 어느 마을에 머무르시던 때의 일입니다. 시자인 아난 스님(阿難尊者)께서 부처님께 여쭈었습니다. "대덕(大德)이시여! 자세히 생각하여 보옵건대 우리가 좋은 벗을 갖고 좋은 동지 속에 있다는 것은 이미 성스러운 이 도의 절반을 성취한 것이나 다름이 없다고 여겨집니다. 저의 이런 생각은 어떻습니까?"

이에 부처님께서는

"아난아, 좋은 벗을 갖는 것은 도의 절반 정도에 그치는 것이 아니라 도의 전부이니라. 아난아, 이것을 생각해도 명확하지 않느냐. 사람들은 나를 좋은 벗으로 삼음으로써 늙지 않으면 안 될 몸이면서 늙음으로부터 자유로워질 수 있고, 또 죽지 않으면 안 될 몸이면서 죽음으로부터 자유로워질 수 있다. 그러니 좋은 동지 속에 있다는 것은 도의 전부임을 알 수 있지 않겠느냐?"라고 말씀하셨습니다.

잡아함경(雜阿含經)에서 이르신 이 가르침은 도를 닦아가는 데 좋은 벗의 존재가 얼마나 중요한지를 가르쳐 주시는 말씀이며 부처님께서 스스로 자신을 좋은 벗이라 칭하신 데도 주목하여야 합니다. 부처님께서 제자들을 부르실 때 "벗이여"라고 자주 하셨는데 이는 제자들을 진리를 향해가는 길에 길동무로서의 의미를 주신 것이라고 생각합니다.

제가 오늘 제 7교구 신도회 창립법회에 와서 왜 벗에 대하여 말씀드리는가 하면 신도회를 구성한 대중들 개인 개인이 서로 부처님의 은혜 속에서 인연의 힘으로 맺어진 것을 늘 감사하게 생각하며 서로 믿음과 존경으로 대하며 부처님을 모시고 신앙생활을 함께하는 벗으로, 진리를 향해 정진해가는 벗으로 서로를 정성껏 섬기는 마음자세를 가지시기 바라는 마음을 전하기 위해서입니다.

깨달음을 향해가는 수행자들에게 벗이란 대단히 큰 의미를 가지고 있음이 여러 스님의 어록(語錄)에 나타나있는데 그 중 만공 스님의 경우 "짚신 한 켤레를 삼는데도 선생이 있고 이름 있는 버섯 한 송이도 나는 땅이 있는데 일체 만물을 총섭(總攝)하는 도를 알려는 사람이 도인의 가르침 없이 어찌 도인이 될 수 있으며 천하정기(天下正氣)를 다 모아 차지한 도인이 나는 땅이 어찌 특별히 있지 않을 것인가. 그리고 도반(道伴)의 감화력은 선생의 가르침보다도 강한 것이다."라고 하셨습니다.

예로부터 대중이 셋 모이면 항상 그 가운데 스승이 될 만한 도반이 있으니 스스로 겸손한 자세로 잘 살피면서 정진해야 합니다. 대중의 뜻을 지혜롭게 헤아려서 잘 받는 행이야말로 보살정신으로 수행을 하는 것입니다. 바르고 착한 벗을 만나면 배우기를 즐겨하고 어리석고 악한 벗을 만나면 가르치기를 게을리 해서는 안 됩니다. 벗을 사귀다 보면 법(法)은 치우침이 없고 정(情)은 치우치고 굽어지는지라 무조건 내 뜻을 맞춰주면 좋은 벗이라 생각하는데 이런 생각으로는 아무리 많은 벗을 평생 가까이 해도 정업(正業)과 선업(善業)을 짓기 어려우니 벗을 사귈 때는 감정에만 맡기지 말고 바른 길로 인도하여 주는 지혜로운 벗을 가까이 하여야겠습니다.

그럼 인연에 끄달리지 않고 착한 벗과 악한 벗을 어떻게 구분 지을 것인지에 대하여 부처님께서 아함경(阿含經)에서 이르신 말씀을 전해드리겠습니다.

부처님께서 이르시기를 "어질고 착한 벗은 어떤 사람인가? 첫째는 그릇됨(非)을 멈추게 할 수 있는 사람이니 마음이 바르고 생각이 어질고 원(願)이 커서 능히 남의 그릇됨을 잘 분별해서 그치게 하는 사람이요, 둘째는 자비심이 있는 사람이니 남의 이익을 보면 함께 기뻐할 줄 알고 남의 잘못을 보면 근심할 줄 알며, 남의 덕을 칭찬할 줄 알고 남의 악한 행위를 보고 능히 자신의 악을 구제할 줄 아는 사람이요, 셋째는 모든 사람에게 해를 끼치지 않는 사람이니 남의 게으름을 방관하지 않고 남의 재산에 손상을 입히지 않으며, 남으로 하여금 공포를 느끼지 않게 하고 조용히 훈계할 줄 아는 사람이요, 넷째는 이익되는 일과 행동을 함께하는 사람이니 자신의 몸과 재산은 아끼지 않고 공포로브터 구제하여 함께 깨닫기를 잊지 않는 사람이니라."라고 하셨습니다.

또 이르시기를 "어떤 사람을 악한 벗이라고 하는가? 첫째는 두려움을 주어 상대방을 억누르려고 하는 사람이니 먼저 주고 나중에 빼앗거나 적게 주고 많이 바라거나 사리사욕(私利私慾)을 위하여 힘으로 친교를 맺는 사람이요, 둘째는 감언이설(甘言利說)이 많은 사람이니 선과 악을 구별하지 못하거나 겉으로는 착한 척하면서도 비밀이 많으며 남이 고난에 처하였을 때 구제하지 않거나 모르는 척하는 사람이요, 셋째는 폭력을 자주 사용하는 사람이니 때와 장소를 가리지 않고 광기를 부리거나 조그마한 허물을 큰 시비거리로 삼아 주먹을 휘두르는 사람이요, 넷째는 덕이 되지 않는 사람이니 술을 마시거나 도박을 할 때 또 음행(淫行)이나 노래를 부르고 춤을 추고 놀 때만 벗이 되는 사람이니라.”라고 하셨습니다.

이렇듯 부처님께서는 착한 벗과 악한 벗을 정의하시고 착한 벗을 가까이 하고 나쁜 벗을 멀리 하라고 하시며 악한 벗과 함께 가느니 차라리 홀로 가기를 권하셨습니다.

오늘 창립된 본 신도회의 대중께서는 각자 덕숭총림의 신도로서 신도의 의무와 역할에 최선을 다하여 부끄럽지 않은 수행자의 길을 가면서도 신도 상호간에 화합을 하며 늘 자비희사(慈; 즐거움을 주는 것, 悲; 고통을 없애는 것, 喜; 다른 사람이 즐거움을 얻는 것을 보고 기뻐하는 것, 捨; 마음이 평등한 것)을 실천하여야겠습니다.

세상에 살다보면 갖가지 목적으로 모임을 하게 되는데 오늘의 모임은 부처님을 향한 오롯한 정성으로 깨달음을 향해가면서 공덕을 짓고 복을 쌓는 모임이니 이보다 더 반듯하고 소중한 모임이 또 어디에 있겠습니까? 다시 한번 더 강조하고자 하는 점은 신도님 서로 서로 버팀목이 되어서 이 험하고 고통스러운 세상에서 꼿꼿하게 오늘 세운 성불의 원을 이루어 가시라는 겁니다.

부디 오늘의 인연이 세세생생에 불국토에서 나는 인연으로 승화되어서 다 함께 성불하시길 기원하면서 잡보장경(雜寶藏經)에 나온 세상 사는 법을 전합니다.

걸림 없이 살 줄 알라

"유리하다고 교만하지 말고
불리하다고 비굴하지 말라.
무엇을 들었다고 쉽게 생각하지 말고
그것이 사실인지 깊이 생각하여
이치가 명확할 때 과감히 행동하라.
벙어리처럼 침묵하고 임금처럼 말하며
눈처럼 냉정하고 불처럼 뜨거워라.
태산 같은 자부심을 갖고
누운 풀처럼 자기를 낮추어라.
역경을 참아 이겨내고
형편이 잘 풀릴 때를 조심하라.
재물을 오물처럼 볼 줄도 알고
터지는 분노를 잘 다스려라.
때로는 마음껏 풍류를 즐기고
사슴처럼 두려워할 줄 알고
호랑이처럼 무섭고 사나워라.
이것이 지혜로운 이의 삶이니라."

-신도회창립일

깨달음을 향하여

  부처님께서 제자들에게 법문(法門)을 많이 들으라고 권하셨으니 잡아함경(雜阿含經)에 "많이 들은 거룩한 제자가 부처님에 대하여 무너지지 않는 깨끗한 믿음을 성취하였다면 지옥이나 축생, 아귀에 떨어지는 일이 없다. 또 많이 들은 거룩한 제자들은 남의 믿음이나 욕심, 남의 지식을 따르지 않고 남의 뜻을 취하거나 남의 생각을 의지하지 않고 스스로 진실하게 보고 아는 지혜를 가진다."라고 말씀하셨습니다.

  그러므로 우리는 부처님의 가르침을 부지런히 배워서 바른 견해로 스스로 다짐하고 노력하기를 부처님의 행적만을 따라가고, 부처님의 말씀만을 따라하고, 부처님의 마음만을 따라가야 하는데 오늘날 신도님들이 체계적으로 부처님의 지혜와 자비의 말씀을 배울 교육기관이 부족하므로 금번 본사에서 신도님들의 교육을 위한 불교대학을 개설하게 되었습니다.

  사실 우리 불교는 철학적(哲學的)인 내용이 기본으로 이루어진 교리가 많아서 무조건적으로 신앙심만을 가지고 이해할 수가 없고 철저히 과학적이고 이지적(理智的)이라 일정한 교육을 받지 않으면 그 기본정신과 내용을 바르게 이해하기가 상당히 어려운 점이 있

116

습니다.

불교역사에서 초기 교단의 역사를 살펴보면 그 당시 대표적인 제자들이 거의 부처님보다 연장자로서 넓은 지역에서 존경받았던 종교인, 정치인, 철학자였습니다. 이분들은 적게는 수십 명에서 많게는 천여 명의 출가집단을 지도하던 이교도의 지도자였으나 부처님을 뵌 후 부처님의 신통력과 자비하신 마음과 대상에 따라 방편으로 지도하시는 지혜로움과 논리 정연하신 이론, 막힘 없으신 말씀에 감동을 받아 자신은 물론 가까이는 처자, 제자, 친지, 친척들을 비롯하여 이웃나라 사람까지 교화해서 함께 출가하거나 재가신도로서 부처님을 신봉하며 가르침에 따라 수행을 하였습니다. 실로 불교뿐만 아니라 고금을 통해 한 종교가 성립되고 발전되기 위해서는 믿음과 교육, 수행이 병행되어야 한다고 생각합니다.

저도 지난 사십여 년의 출가 생활을 조용히 돌이켜보면 처음 부처님의 가르침이 무엇인지 아무 것도 모르면서 승가(僧伽)에 들어온 것만으로도 좋아서 살 때보다 선지식을 만나서 배우면 배울수록 알면 알수록 더욱 구도심과 선심(善心)이 깊어짐을 느낍니다.

저의 마음이 이러하니 부처님의 은혜를 갚는 일은 자신의 출가 수행만을 기쁘게 생각하는 데 그치지 않고 자만심과 아만심(我慢心)을 버리고 오직 정성으로 후학을 가르치는 일이라 생각합니다.

법화경(法華經)에서 이르시기를, "나는 여래(如來) 응공(應供) 정변지(正偏知) 명행족(明行足) 선서(善逝) 세간해(世間解) 무상사(無上士) 조어장부(調御丈夫) 천인사(天人師) 불(佛) 세존(世尊)이다. 나는 괴로운 사람을 기쁘게 하며, 알지 못하는 사람을 알게 하며, 불안한 사람을 편안하게 하며, 중생들을 해탈의 세계에 이르게 한다. 나는 모든 것을 알며 모든 것을 보고 있다. 나는 진리를 알고 진리를 말한다. 그대들은 다 나에게 와서 나의 설법을 들으라. 여래의 설법은 하나의 진리를 가르친다. 그것은 해탈 열반의 진리이다."라고 하셨습니다.

해탈과 열반에 궁극의 목적을 두고 수행을 하고자 원을 세웠다면 부처님 당시처럼 부처님의 설법을 부지런히 들어야 합니다. 또 부처님께서는 "여래가 법을 설하는 것은 대지 위에 비를 내리는 것과 같고, 중생이 여래의 설법을 듣고 각자 자기에게 알맞은 길을 찾아서 실천하는 것은 비를 맞고 초목이 자라는 것과 같다."라고 말씀하시며 설법 듣는 중생을 세 종류의 약초로 구분하시어 비교하시니, "중생들이 나의 설법을 듣고, 자기의 역량을 따라서 기쁨과 만족을 구하되 세상의 영광을 얻고자 하는 이는 소약초요, 열반과 신통을 얻고 홀로 깊은 산 속에서 선정(禪定)을 닦는 이는 중약초요, 최고의 성불을 위해서 늘 정진하는 사람은 상약초이다."라고 하셨습니다.

이와 같은 부처님의 설법은 누구에게나 평등하여 하늘에서 고르게 내리는 비와 같거늘 중생의 근성에 따라서 받아들이는 것이 같지 않음이 같은 비를 맞고도 자라는 형태가 다른 초목과 같은 것이니 이왕이면 우리도 큰 나무같이 불도에 전심해서 신통으로 많은 중생들을 제도하는 보살이 되어야겠습니다.

다시 말씀드리자면 오늘 신심을 발해서 정법을 배우려고 입학하신 불자님들은 우선 부처님과 보살님의 지혜와 자비를 흠모하고 가르침을 굳게 믿어서 겨자씨만큼도 의심이 없어야 하며 한 구절의 법문을 더 듣기 위해서 나찰(羅刹; 아귀)에게 몸을 던졌던 설산동자(雪山童子)와 같은 용맹심을 발휘하여 열심히 배우고 한편으로는 계행(戒行)을 잘 지키고 삼매(三昧)를 잘 닦아서 온갖 선행을 베풀어 중생을 제도하여야겠습니다.

대승보살(大乘菩薩)의 원력이 자리이타(自利利他; 자신도 이롭고 남도 이롭게 함)에 있으니 어찌 스스로의 배움에 게을리하겠습니까? 오나 가나 간절한 마음으로 법문을 듣고 자신의 죄업과 어리석음을 깨치고 낱낱이 실천에 옮기는 노력을 해야겠습니다.

부처님께서 사십이장경(四十二章經)에 이르시기를, "널리 듣는 것만으로 도를 사랑하면 도는 알기 어렵고 뜻을 지키어 도를 받들면 그 도는 크고 큰 것이다."라고 하셨습니다. 우리가 참다운 수행인이 되고자 하면 널리 가르침을 듣고(聞) 그 가르침의 뜻을 사유하여(思) 가르침대로 실천할 때(修) 도를 이룰 수 있으니 이 문사수 삼혜(聞思修三慧)의 방편을 잘 익혀야 합니다.

제가 이 자리에서 입학생 여러분들께 특히 부탁드리고 싶은 말씀은 공부를 하시다가 모르는 내용이 있어도 오늘의 용기를 잃지 마시고 편안한 마음으로 팔만사천 경전의 내용이 다 내 마음속 경장(經藏) 안에 있다는 확신을 가지고 노력하십시오.

대방광여래장경(大方廣如來藏經)에서도 부처님께서 "불자들아! 일심으로 들어라. 내가 불안(佛眼; 부처님의 지혜의 눈)으로 일체 중생을 보건대 욕심, 성냄, 어리석음 등 여러 번뇌 가운데 여래의 지혜(如來智), 여래의 눈(如來眼), 여래의 몸(如來身)이 있어서 엄연히 부동하니라. 일체 중생은 그 몸에 여러 번뇌가 있어도 여래장(如來藏)이 있어 항상 때묻거나 물듦이 없고 덕상(德相)이 원만하게 갖추어 있어 나와 다를 바가 없느니라."
하시지 않으셨습니까? 오늘의 발심(發心)이 부디 성불(成佛)로 열매를 맺으십시오. 사바세계의 연꽃은 진흙에 뿌리를 두었습니다. 성불합시다.

- 불교대학 입학식

참다운 공덕

　　중국 남북조시대의 선승이시며 중국 선종의 시조(始祖)이신 달마 스님(菩提達磨大師)께서는 130세에 남인도 향지국을 떠나시어 오랜 항해 끝에 중국 광동에 이르시어 남쪽의 양나라에 가시어 양무제를 만나셨는데 그 당시 무제는 승속간에 불심천자(佛心天子)라고 불렸으며 곤룡포(袞龍袍)보다도 가사(袈裟)를 수하기 좋아했고 경학에도 능통하여 어전(御殿)에 승려들을 초빙해서 방광반야경(放光般若經)을 즐겨 설하고 오경의주(五經義註) 2백여 권 및 많은 저술도 했으나 마음은 늘 현세적인 이익추구에서 벗어나지 못하는 수준이었습니다.

　　그러므로 달마 스님과 무제의 만남에서 사상적 차이로 서로 결별을 하게 되는데 그 때 대화의 내용의 일부를 소개합니다. 무제가 달마 스님에게 "짐은 절을 세우고 경을 간행하며 승려들을 수호하오. 그러니 그 공덕이 얼마나 되겠소?" 하자 달마 스님께서는 "무공덕(無功德: 공덕이 없다)이오."라고 단호히 말씀하시고 양자강을 건너 위나라로 가시어 소림산에서 혜가 스님(慧可禪師)을 만날 때까지 9년간 면벽(面壁) 침묵에 드셨습니다.

　　우리는 오늘 이 일화에서 달마 스님께서 왜 무제에게 공덕이 없

다고 말씀하셨을까에 대하여 생각해 보고 또 그렇다면 달마 스님
의 정신에 맞는 참다운 공덕은 어떻게 해야 짓는 것인지를 알아보
아야겠습니다.

우리가 흔히 공덕이라는 말을 했을 때 세인들은 공적과 덕행을
말하며 불가에서는 현재 또는 미래에 행복을 가져올 선행(善行)을
말하는데 과연 그렇다면 선은 또 무엇이겠습니까? 선이라는 것은
착하고 올바름을 뜻하는데 진정한 올바름은 지혜로운 자만이 아는
것이니 결국엔 참선을 해서 깨달음을 얻은 뒤라야 온전한 공덕을
짓게 되는 것입니다.

구복불교(求福佛敎)를 해서 많은 복을 받아도 우리 마음에 삼악
(三惡; 탐·진·치)은 그냥 남아 있으니 수행불교(修行佛敎)를 해야
도를 닦는 것이고 참다운 공덕을 지어가는 것이라 하겠습니다.

대승보살(大乘菩薩)의 덕행은 육바라밀(六波羅蜜; 보시·지계·인
욕·정진·선정·지혜)의 실천에 있는데 그 중 지혜는 나머지 바라
밀의 주춧돌이니 보시도 지혜롭게 해야 참보시요, 지계도 지혜롭게
해야 참 지계이며 나머지도 마찬가지입니다. 그런데 그러한 지혜는
선정(禪定)에서 생기는 것이니 그러므로 부처님과 역대 조사님이
모두 선문(禪門)에서 나신 것입니다.

선에 대하여 좀더 자세히 말씀드리자면 선(禪; dhyāna)은 범어
이며, 한역으로는 생각으로 닦는다(思惟修) 또는 고요히 생각한다
(靜盧)로 번역하는데 선정과 지혜의 뜻을 가졌습니다. 일체 중생이
가지고 있는 본래의 성품을 불성(佛性)이라 하는데 이를 깨닫는 것
을 지혜라 하고 닦아가는 것을 선정이라 하니 선정과 지혜를 통틀

122

어 선이라 부릅니다.

달마 스님께서 생각하신 공덕은 깨달음에 있는 것이요, 작복(作福)에 있는 것이 아닌데 무제는 복을 짓고 도를 닦는 것처럼 공덕을 내세웠으니 서로 맞을 리가 없었던 것입니다.

참고로 선에도 얕고 깊은 것이 있으니 규봉 스님(圭峰宗密禪師)의 말씀을 인용하자면,

첫째는 천상(天上)에 올라가는 것을 좋아하고 지옥에 내려가는 것을 싫어하여 마음을 닦는 것을 외도선(外道禪)이라 하고,

둘째는 인과를 믿되 좋아하고 싫어하는 마음으로 닦는 것을 소승선(小乘禪)이라 하며,

셋째는 나와 법이 모두 공하다는 진리를 깨닫고 닦는 것을 대승선(大乘禪)이라 합니다.

넷째는 마음이 본래 청정하여 번뇌가 없으며 지혜의 성품이 스스로 갖추어져 이 마음이 곧 부처라는 것을 깨달아 이 마음을 의지하여 닦는 것을 최상승선(最上乘禪)이라 하며 또 여래청정선(如來淸淨禪)이라 합니다.

최상승선은 일행삼매(一行三昧), 진여삼매(眞如三昧)라고도 하니 모든 삼매의 근본이 되므로 생각 생각 닦고 익히면 자연히 백천 만의 삼매를 얻을 것이니 달마 문하(達摩門下)에서 서로 전하는 것이 바로 선인 것입니다.

공덕에 대하여 부처님께서 어떻게 말씀하셨느냐 하면 화엄경(華嚴經)에 "함(爲)이 없이 대과(大果) 이름을 공(空)이라 이름하며 다만 일체를 교화하여 이익케 하되 오는 보(報)를 흔구(欣求)하지 않

아도 저절로 무변한 묘상장엄(妙相莊嚴)을 얻을새 고로 덕(德)이니라. 또 복과 지혜가 두루(徧周)함을 이름하여 공(空)이라 하고 사(事)를 통달치 않음이 없음을 이름하여 덕이라 하느니라." 하셨습니다.

오늘 우바이(優波尼; 여신도)의 모임을 공덕회라 이름짓고 창립 법회를 시작으로 실천 수행하여 나가는 목적이 바로 이 화엄경의 말씀에 있으니 천만 번 읽고 깊이 가슴에 새기기 바랍니다. 또한 한 생각 청정한 마음이 보리요, 지혜이므로 청정한 마음을 이루는 공덕은 항하강의 모래 수와 같은 칠보탑을 조성하는 것보다 수승하다고 할 수 있으니 칠보탑은 마침내 무너져서 티끌이 되는 날이 있지만 한 생각 청정한 마음은 영원히 변치 않는 정각(正覺)을 이룬다는 확신으로 정진하십시오.

또 우바이를 요사이는 절에서 보살님이라고 보통 호칭하는데 원래는 보사님으로 보호할 보(保)에 절 사(寺)를 써서 절에 살림을 잘 보살핀다는 뜻으로 6·25사변 전까지 많이 쓰다가 사변 후부터 보살님으로 변화되었는데, 보살이라는 뜻이 깨달음의 성취를 바라는 자, 미래의 부처님, 위를 향해서 보리를 구하고 아래를 향해서 중생을 교화하려는 자, 자리(自利)의 행으로써 중생을 이익되게 하는 자 등의 고귀한 뜻을 지닌 명칭이니 그 뜻이 더욱 승화되었다는 생각이 들어서 스님들이 그냥 서로 부르게 된 것입니다.

그러니 보살님이라는 명칭에 걸맞는 수행과 공덕을 짓는 생활을 하자면 마음자세를 새롭게 해서 정진을 하여야 되리라 생각합니다. 참다운 불자의 말과 행동과 마음씀이 모두 공덕이 되고 거짓된 불자의 말과 행동과 마음씀이 모두 죄악이 되는 것은 그 모양과 태도는 어떻든 본 마음에 따라 방편의 가치가 차이 있는 것과도 같습니다.

여러분들이 공덕회의 일원으로 항상 공덕을 짓는 몸과 마음으로 살아간다면 여러분이야말로 자신과 가정과 사회의 등불이 될 것이요, 모든 중생을 어여삐 여기시는 부처님의 마음과 같은 자애로운 풍모를 지니게 될 것입니다.

달마선법이 중국에서 시작되어 우리나라에 전해진 후 그 법등이 빛을 발하며 찬란히 이어져 내려오다 구한말(舊韓末) 희미해진 법등을 다시 밝히신 경허 스님(鏡虛禪師)과 그 뒤를 이으신 만공 스님(滿空禪師)께서 머무시던 이 도량에서 부지런히 정진해서 세세생생 영원히 공덕을 이루십시오. 기필코 성불하십시오.

- 공덕회 창립법회

맑고 밝은 삶으로

언제 어디서나 어떠한 일을 당해도 환경과 상대에서 그 해결을 찾으려 하지 말고

늘 스스로 명심하기를 모든 선과 악, 행복과 불행이 다 내 마음에서 일어나는 것임을 알아서

그 마음을 관찰할지언정 마음 밖에서 해결방법을 찾으려 하지 마십시오.

내 마음에서 일어나는 의문에 대한 모든 해답은 내 마음 속에 있습니다.

아무리 어려운 문제가 생겨도 문제가 일어난 그 자리에 해답이 몰래 숨어 있습니다.

지혜로운 성인과 어리석은 범부도 마음의 가치에 따른 것이지

형상의 고귀함에 있는 것이 아닙니다.

오계의 향기

평등한 마음이 곧 계(戒)입니다. 일체 중생이 모두 여래(如來)의 덕성(德性)을 갖춘 소중한 존재임을 깨달으면 저절로 계를 지키는 삶을 살아가게 됩니다. 계의 기본정신은 자신으로부터 모든 악을 없애고 다시는 짓지 않으며(諸惡莫作), 자신으로부터 모든 좋은 일을 실천해 나가는 것(衆善奉行)입니다. 그러므로 계를 받아 지니게 되면 오근(五根; 안근·이근·비근·설근·신근)을 잘 지켜서 오욕(五欲; 색욕·성욕·향욕·미욕·촉욕)에 빠지지 않게 하여야 하는데 오근의 주인은 마음이므로 맹수를 다스리는 사람이 채찍을 휘두르면서 길들이고 물러나지 않는 것과 같이 계로써 마음을 길들이는 채찍을 삼아 오욕에서 지켜야 합니다.

마음의 독은 한번 퍼지면 독사보다 더 빠르고 그 피해는 악마나 원수보다 심하고 거센 불길보다 더 심합니다. 오늘날 모든 생명과 우주와 자연이 함께 공존하며 행복의 길, 평화의 길, 진리의 길로 가려면 오직 계를 배우고 받고 익히며 지켜야 합니다.

계에는 신분과 연령에 따라서 여러 형태의 계가 있는데 오늘은 재가불자에게 그 기본이 되는 오계에 대하여 말씀드리겠습니다.

오계를 낱낱이 설명 드리자면, 첫째는 불살생계(不殺生戒)로서

나 자신을 포함해서 어떤 생명체라도 자신이 직접 목숨을 빼앗지 않고 남을 시켜 빼앗지 않고 죽어가는 것을 찬탄하지도 않는 것입니다. 요즈음은 과학의 발달로 대량 살상 무기와 맹독성 약품 등이 있어 큰 죄업을 짓기 쉽고 인터넷에는 자살 사이트가 개설되어서 자살하는 방법, 동반자살을 찬탄하는 글들이 퍼져서 청소년 자살, 집단 자살 소동으로 사회적으로도 큰 문제가 되고 있습니다.

돌이켜 생각해보면 사람처럼 여러 생명을 골고루 살생하는 무리는 이 지구상에는 없습니다. 맹수도 잡아먹는 생명체가 몇 안 되고 배가 고프지 않으면 살생을 하지 않는데 사람은 취미로 사냥도 하고 낚시도 하며 살생을 즐기니 이 얼마나 어리석고 잔인한 무리입니까? 이 계를 통해서 좀더 깊이 우리 내면에 있는 무자비성과 폭력성을 뿌리뽑아야겠습니다.

둘째는 불투도계(不偸盜戒)이니 다른 사람이 주지 아니하는 물질을 빼앗거나 훔치지 않는 것입니다. 설사 자식이라도 부모가 주지 아니한 것을 탐하거나 제자가 스승의 것을 탐하는 것도 도적질이니 부모, 형제, 부부 등 가까운 인연일수록 더욱 주의해 살펴야 합니다. 사회적으로도 정당하게 부여된 세금을 내지 않거나 나라 돈을 함부로 쓰는 것도 도적질입니다. 무릇 자신의 노력보다 남을 속이며 재산을 차지하는 모든 행위는 모두 도적질이라고 생각합니다.

셋째는 불사음계(不邪淫戒)이니 남녀관계를 인륜에 맞게 떳떳한 사이에서가 아니면 맺지 않는 것입니다. 우리 불교도 중에서 재가 신도는 일부일처(一夫一妻)를 근본으로 삼으니 모름지기 계를 지켜

130

서 예의와 질서와 절도가 있는 가정을 가꾸어 가야 합니다. 부부 사이에 믿음이 있는 부모 품에서 긍정적이고 발전적인 자녀들이 자라서 행복하고 아름다운 사회를 만들어 가는 것이니 무절제한 애욕으로 불륜을 일삼아 가정이 불행에 빠지지 않도록 남녀 함께 노력해야 하며, 인간이란 영혼과 육체가 합쳐서 한 개인으로서 가치가 정해지는 것이니 심신(心身)을 모두 청정히 지켜가야 합니다.

오늘날 순수하고 아름다워야 할 남녀의 만남이 단순히 쾌락을 위한 수단으로 타락이 되었고 황금만능(黃金萬能)의 사회풍조가 전문적인 매춘사업(賣春事業)을 낳아서 청소년까지 매춘의 대상이 되었으니 참으로 한탄스러운 현실입니다. 금욕적인 생활을 권하는 것은 아니지만 최소한 서로 영혼의 교감을 이루고 서로 믿고 책임지는 남녀의 만남을 권합니다.

넷째는 불망어(不妄語)이니 거짓말을 하지 않는 것입니다. 거짓말에는 그 의미가 크고 작은 것이 있으니 대망어는 용서받지 못할 거짓말이며, 소망어는 용서받을 수 있는 거짓말입니다. 예를 들자면 부처님의 제자로서 해탈하지 못한 사람이 해탈을 했다고 하는 경우는 대망어이고, 혹 다른 생명의 보존과 이익을 위해서 하는 경우는 소망어입니다.

요즈음은 승속에 관계없이 도인(道人)이라고 자칭하는 사람은 많은데 세상에는 그들을 도사(道士)나 도(導師)보다 도사(盜邪)라고 비아냥거림을 당하는 예가 허다하니 실로 부끄러운 줄 알아야 합니다. 이 대망어 죄인이야말로 사자가 죽으면 스스로 사자 몸에서 생겨나 사자를 갉아먹는 사자벌레와 같은 존재로 부처님의 열반

후 불법을 해하는 가장 나쁜 존재이니 결코 대망어인이 되지 말아야 합니다.

또 소망어의 예로 시비 끝에 분함을 못 이겨 상대를 죽이려고 칼을 들고 덤비는 사람을 피해 도망 온 사람을 감춰놓고 쫓아온 사람이 물으면 모른다고 거짓말을 하는 경우는 소망어라 합니다. 소망어는 여망어(如妄語)라고도 하는데 큰 뜻을 위해 하는 작은 거짓말은 거짓말 같지만 허물이 없는 거짓말이라는 뜻입니다.

예로부터 "입은 재앙의 문이다."라고 하였으니 잘 지켜서 우리도 부처님께서 금강경(金剛經)에서 이르신 진어자(眞語者), 실어자(實語者), 여어자(如語者), 불광어자(不誑語者), 불이어자(不異語者)가 되어야겠습니다.

다섯째는 불음주(不飮酒)이니 술 마시는 것을 삼가하라는 것입니다. 특히 취하는 것을 금하셨으니 취하면 온갖 허물이 다 생기는 법이라 술을 통해서 순간적으로 앞의 네 가지 계를 다 파할 수도 있으니 실패 없는 수행을 위해서 술을 마시지 말라는 것입니다.

선악소기경(善惡所起經)에 음주에 따른 36가지 허물이 자세히 적혀 있는데,

허물의 첫째는 재물을 잃는 것이고,

둘째는 현세에 병이 많은 것이고,

셋째는 싸움을 하기 쉬운 것이고,

넷째는 살생을 더하게 되는 것이고,

다섯째는 화를 잘 내게 되는 것이고,

여섯째는 계획한 일을 제대로 할 수 없는 것이고,

일곱째는 지혜가 점점 흐려지는 것이고,

여덟째는 복덕을 쌓기가 힘든 것이고,

아홉째는 있는 복도 줄게 되는 것이고,

열째는 비밀들을 드러내게 되는 것이고,

열한째는 사업을 이루지 못하는 것이고,

열두째는 근심과 괴로움이 더하는 것이고,

열셋째는 감각기관이 둔화되는 것이고,

열넷째는 부모를 욕되게 하는 것이고,

열다섯째는 사문을 공경하지 않게 되는 것이고,

열여섯째는 바라문을 공경하지 않게 되는 것이고,

열일곱째는 부처님을 공경하지 않게 되는 것이고,

열여덟째는 불법을 공경하지 않게 되는 것이고,

열아홉째는 나쁜 친구를 가까이 하게 되는 것이고,

스물째는 착한 벗을 여의게 되는 것이고,

스물한째는 음식을 항상 버리게 되는 것이고,

스물두째는 형제가 은밀하지 못하게 되는 것이고,

스물셋째는 음욕이 치성해지는 것이고,

스물넷째는 윗사람이 기꺼워하지 않는 것이고,

스물다섯째는 잔소리와 웃음이 느는 것이고,

스물여섯째는 부모가 좋아하지 않는 것이고,

스물일곱째는 권속이 싫어하는 것이고,

스물여덟째는 그릇된 법을 지니게 되는 것이고,

스물아홉째는 바른 법을 멀리하게 되는 것이고,

서른째는 어질고 착한 이를 공경하지 않게 되는 것이고,

서른한째는 과실을 자주 범하게 되는 것이고,

서른두째는 열반을 멀리 여의게 되는 것이고,

서른셋째는 미친 듯이 설치게 되는 것이고,

서른넷째는 몸과 마음이 산란해지는 것이고,

서른다섯째는 나쁜 짓으로 방일하게 되는 것이고,

서른여섯째는 목숨을 마치면 큰 지옥에 떨어지게 되는 것입니다.

세속의 점잖은 선비는 밤에도 술에 취해서 실수하는 법이 없거늘 도를 닦는다는 부처님의 제자들이 술을 마시고 갖가지 허물을 지어서 되겠습니까? 차라리 끓는 구리물을 마실지언정 술은 먹지 않겠다는 뜻을 세워 실천해야 하며 특히 음주운전은 절대로 하지 말아야 합니다.

신라의 대표적인 고승 중의 한 분이신 자장 율사(慈藏律師)께서는 "나는 차라리 단 하루를 살더라도 계를 지키다 죽을지언정 파계를 하고 백년 동안 살기를 원하지 않는다(吾寧一日時戒而死 不願百年破戒而生)"라는 말씀을 하셨습니다. 이 얼마나 투철하신 정신이시며 칼날같이 단호하시고 엄격하신 가르침이셨습니까?

우리가 사는 것이 모두 인연으로 만나서 인과(因果)로 이루어지는 것이니 단명하고 박복하고 천시 받고 어리석은 것도 모두 전생에 계를 소중히 하고 바르게 정진하지 않은 업보이니 대중께서는 수계 받은 공덕으로 만족하지 마시고 참회와 서원으로 계를 실천해야 합니다.

오늘 이 시간부터라도 세세생생에 범해 온 살생의 악업을 참회

하며 방생을 통한 실천으로 선업을 쌓아 단명과 다병의 업보를 벗고 장수와 건강의 복을 누리며, 악독한 마음을 비우고 자비심을 발하며, 투도의 악업을 참회하고 보시를 실천하여 선업을 쌓아 도난과 가난의 업보를 벗고 풍요와 안락의 행복을 누리며, 탐내는 마음, 인색한 마음을 비우고 만족한 마음, 베푸는 마음을 기르며, 사음의 악업을 참회하고 순결 청정한 계행을 닦아 남녀간에 배신과 이별의 업보를 벗고 사랑이 넘치는 믿음이 굳건한 화목한 가정을 이루어가야겠습니다.

또 망어의 악업을 참회하고 진실한 말, 지혜로운 말, 자비로운 말을 해야 합니다. 내 마음이 참으로 진실해져서 상대에게 거짓이 없이 대할 때 상대 또한 나에게 거짓으로 대할 수 없는 것이니 불자는 언행이 늘 진실해야 합니다. 술을 마시면 영혼이 혼탁해져서 정신을 맑고 또렷하게 가지그 정진할 수 없으니 공부에 큰 손해이고 육신도 병에 찌들어 훗날엔 후회밖에 남을 것이 없습니다.

수계를 받는 것은 마음 밭에 더욱 확실히 부처님 종자를 심는 최선의 복이니 한 계목 한 계목 소중히 받들어 지녀야 합니다.

길을 모르는 사람이 수덕사를 찾아오실 때 바른 지도만 구해보면 언제라도 찾아오실 수 있듯이 인생의 길을 가면서 계를 삶의 나침반으로 삼고 나아가면 결국엔 행복의 길, 해탈의 길, 성불의 길에 다다르게 됩니다. 먼 길을 갈 때 처음 뻗는 한 걸음의 방향이 중요하듯 수행자도 처음 입문하여 계를 지키는 방향으로 가느냐, 파하는 방향으로 가느냐에 따라서 훗날에 하늘과 땅 같은 차이가 생깁니다.

그러므로 이제 우리 모두 다시 시작하는 마음으로 한 순간 한 순간을 놓치지 말고 계를 지켜서 마음과 입과 몸짓에 맑고 향기로운 연꽃의 모습을 그려냅시다.

우리 모두 오탁의 세상에 피어나는 연꽃으로 다시 피어나 이 세상을 장엄합시다.

- 불교청년회 수계식

염불행자

　우리들 마음에 부처님을 모시고 언제 어디서나 부처님을 생각하면 불국토가 따로 없이 지금 이 자리가 정토세계(淨土世界)입니다.

　달마 스님(達磨大師)께서 관심론(觀心論)에 말씀하시기를 "염불이라는 것은 정념(正念)을 닦는 것이다. 참 뜻을 깨달으면 정(正)이 되고 깨닫지 못하면 사(邪)가 된다. 정념은 반드시 서방정토의 극락세계를 얻지만 사념은 피안에 이르지 못한다. 불(佛)이란 몸과 마음을 살펴 악이 일어나지 않게 하는 것이고 염(念)이란 생각하는 것이니 계행(戒行)을 가져 부지런히 정진하는 것을 잊지 않는 것이다. 이와 같이 아는 것이 정념이다. 그러므로 염이란 마음에 있는 것이지 말에 있는 것이 아님을 알아야 한다."고 하셨습니다.

　오늘 염불을 수행문으로 하여 정진하고자 하시는 대중께서는 금강석같이 변함없는 신심을 발하여 태산 같은 서원을 세우고 과거세부터 지어온 모든 죄장을 참회하며 모름지기 간절한 마음으로 원에 따른 불보살님의 명호를 생각해야 합니다. 생각은 번뇌로 뒤엉킨 숲을 헤매면서 단순히 반복적으로 소리만 높여서 외운다면 헛된 공만 들이는 것이니 이런 염불은 참으로 안타까운 결과를 만들어 갈 뿐입니다.

부처님께서도 금강경(金剛經)에서 이르시기를 "상(相)이란 다 허망한 것이다. 형상으로 나를 보려 하거나 음성으로 나를 찾으려 한다면 이런 사람은 그릇된 도를 행하는 것이니 여래(如來)를 볼 수 없다."고 단호히 말씀하셨습니다.

우리는 이 말씀을 깊이 명심하여 염불을 할 때에는 부디 상에 집착하여 상에 떨어지지 말고 오로지 마음으로 불보살님을 흠모하여 불보살님의 덕행을 찬탄하며, 우리도 불보살님의 행업(行業)을 지어나갈 것을 서원하며, 불보살님의 자비정신을 깨닫고 이어가는 수행을 해야 할 것입니다.

또 염불을 하면서도 바른 뜻을 깨닫기 위해서 노력해야 하니 그 옛날 설산동자(雪山童子)처럼 한 구절의 법문을 듣기 위해 나찰에게 몸을 던져주는 구도의 정열로 불보살님의 무량한 가르침을 낱낱이 배우고 전하며 불보살님의 서원이 깃든 행이 아니면 따르지 않고 불보살님의 가르침이 아니면 전하지 않고 언제 어디서나 순간 순간에도 오직 불보살님만을 닮아가려는 염불행자의 길을 가야 합니다.

몸과 마음을 모두 불보살님께 의지하여 염불하면 언젠가는 눈에는 보이지 않는 봄 기운에 눈이 녹아내리고 새싹이 돋아나듯 악업은 절로 녹고 선업은 자라나며 공덕은 드러나서 먹구름이 걷히면 맑은 하늘에 감추어져 있던 태양이 있던 그 자리에서 그대로 빛을 내듯 무명의 어리석음이 사라지면 우리 마음 속에 있던 불보살님의 덕성이 태양처럼 눈부신 빛을 발하게 되는 것입니다.

예로부터 기도행자들에게는 가피에 더디고 빠른 것이 있지만 불보살님의 명호에 따른 공덕에는 더디고 빠른 것이 없으며 기도행자들의 정성에는 차이가 있고, 업장의 차이는 있지만 불보살님의 가호 가피력에는 차이가 없습니다.

불보살님의 자비 감로수와 보배 구슬은 모든 중생에게 항상 평등하게 내려주시지만 중생들의 업의 그릇이 각각 다르고 복의 주머니가 각각 달라서 담아지는 양이 다른 것이며 불보살님의 자비 광명은 언제나 어디에나 똑 같이 비추어도 어리석은 염불행자는 지혜의 눈을 뜨지 못하여 스스로 장님 신세가 되어 그 빛을 보지 못할 따름인 것입니다.

밀린다왕문경(彌蘭陀王問經)에 보면 밀린다 왕이 나가세나 스님(那伽摩那尊者; 나선 비구)에게 염불에 의한 구원에 의심을 품고 묻기를,

"나가세나 스님, 당신들은 가령 어떤 사람이 백년 동안 악행을 했더라도 임종에 이르러 한 번이라도 부처님을 생각할 수만 있다면 그 사람은 천상에 태어날 수가 있다고 말하는데 나는 이 말을 믿지 않습니다. 또 당신들은 한번 살생을 했더라도 지옥에 떨어질 것이라고 말하는데 나는 이 말도 믿지 않습니다."라고 하니,

스님께서는 "왕이시여, 당신은 어떻게 생각하십니까? 작은 돌이라도 배가 없이 물 위에 뜰 수 있을까요?" 하시니 대왕은 "스님, 그렇지는 않습니다." 하니

스님께서는 "왕이시여, 백 대의 수레에 실을 만큼 많은 돌이라도 배에 싣는다면 물 위에 뜨겠습니까?" 하시니

대왕은 "스님, 그렇습니다. 물 위에 뜰 것입니다."라고 하니 스님

께서는 "왕이시여, 염불한 선업은 마치 배와 같다고 보아야 할 것입니다."라고 말씀하시니

이에 대왕은 그 뜻을 이해하고 "잘 알았습니다. 스님!"이라고 하며 대화를 마치는 장면이 나옵니다.

불보살님의 원력은 반야용선(般若龍船)이 되어 염불행자를 태워 불국토에 나게 하시는 가피가 확실하니 부지런히 염불을 해야 합니다. 제가 아무 것도 모르고 오직 모든 것을 불보살님께 의지하던 시절의 기도 경험을 한 가지 말씀드리겠습니다.

때는 20대 초반 여름 수덕사(修德寺)에서 새벽부터 일어나 마당 쓸고 공양 짓고 하루종일 지게 지고 돌 나르고 나무하고 밭일하고 저녁 예불 후에는 밤늦도록 콩 고르며 지내던 시절에 있었던 일입니다.

이 무렵 선원의 스님들처럼 참선 좀 하려고 고단한 몸을 가지고 방에 앉아있으면 왜 그렇게 졸음이 오는지 벽에 등을 기댄 채 잠이 들었다가 새벽 도량석 소리에 겨우 정신이 들면 어찌나 속이 상하고 세월 가는 것이 안타깝던지 하루는 작심하고 대웅전에 밤에 들어가 오직 일념으로 관세음보살님께 잠 좀 없애 달라고 애원을 했습니다.

그런데 새벽녘에 나직하고도 부드러우면서도 너무도 또렷하게 "법장아! 너는 잠 안 잘 때는 늘 공부만 하느냐?" 하는 말씀이 들려왔습니다. 어머니의 음성과 같이 포근하면서도 위엄이 충만한 목소리에 정신을 차려보니 분명 꿈을 꾸고 있지는 않았습니다. 그 때 저는 관세음보살님의 가피력에 무어라 말할 수 없는 희열을 느끼며

앞으로 깨어있을 때 바른 생각만을 하겠다는 발원을 하면서 한없이 감사한 마음으로 이 몸을 다 던져 절을 올렸습니다.

사실 그 때 저는 깨어있는 하루 종일 번민과 시비로 시간을 녹이고 있을 때가 조는 시간보다 더 많았습니다. 세월이 흘러 잠이 많은 것을 탓하지 않고 깨어 있을 때 온갖 시비분별을 버리고 오직 화두에 대한 의심을 챙기다 보니 어느 날 낮에 들리는 화두가 밤에도 들리고 새벽에 깰 때도 들리고 하는 경지가 와서 그 때 더욱 더 관세음보살님의 가르침을 분명히 깨칠 수가 있었습니다.

우리가 깨어 있을 때 물은 차고 불은 뜨겁고 돌은 무겁고 솜을 가볍다고 느끼기 때문에 꿈속에서도 똑같이 물은 차고 불은 뜨겁고 돌은 무겁고 솜은 가볍다고 느끼는 것이니 공부도 그와 같이 깨어 있을 때 애를 쓰면 꿈속에서도 애를 쓰는 것이고 염불도 깨어 있을 때 하는 만큼 꿈속에서도 하게 되는 것입니다.

염불행자의 길을 가는 분들도 신심이 부족하고 어리석다 보면 평생 염불 수행을 하겠다고 서원을 세운 불자들도 조금 염불이 이어지면 스스로 '이만하면 됐다'고 생각해서 장애를 일으키는데 공부라는 것은 정진이 좀 된다 싶을 때 더욱 힘을 써야 하는 법입니다. 많은 사람들이 높은 사다리에서 내려올 때 위에서는 조심조심하다가 나머지 한두 칸을 남겨놓고 방심해서 뚝 떨어져 다치는 것처럼 염불은 처음부터 끝까지 여일(如一)하게 정성을 다하여야 합니다.

오늘 관음기도에 입제하신 염불행자 여러분들께서는 부디 넓고 큰 원을 세우시고 순간순간의 마장에 속지 마시고 순일하게 정진

을 해 나갑시다. 염불행자들이 가는 길에 불보살님의 가피는 충만
하여지시고 일체 마장은 제하여 지기를 불보살님 전에 향 사르고
축원합니다.

- 무이회 철야정진법회

참회하는 삶

삶의 고통의 무게에 눌려서 산사를 찾아온 불자님들이 저에게 그 해결 방법을 물을 때 저는 상대에 따라 다양한 표현을 쓰지만 가장 요점은 각자 먼저 자신의 죄업을 참회하고 그 다음에 부처님의 정신에 입각하여 복과 명예를 구하라고 말씀드립니다. 요 근래에는 부처님 제자들이 승속(僧俗)을 막론하고 참회하는 마음이 부족하여 큰 원을 이루는 수행자가 드물다고 생각합니다.

참회(懺悔)란 무엇인고 하니 과거의 잘못을 뉘우치고 용서를 구하는 일입니다. 참은 범어 크샤마(kṣama)의 음역인 참마(懺摩)를 줄인 말이고 회(悔)는 범어 크샤마를 뜻으로 번역한 말이니 크샤마는 '용서를 빈다' '뉘우친다' '참는다(忍)'의 뜻입니다.

혜능 스님(六祖慧能禪師)께서는 참회에 대하여 말씀하시기를 "참이란 지나간 허물을 뉘우치는 것으로 전날에 지은 악업, 즉 어리석고 교만하고 허황되고 시기하고 질투한 죄를 뉘우쳐서 다시는 짓지 않도록 하는 것이며, 회란 앞으로 범하기 쉬운 허물을 조심하여 그 죄를 미리 깨달아 끊어버리고 다시는 범하지 않겠다고 결심하는 것이다."라고 말씀하셨습니다.

즉 진정한 참회란 지난 허물만 뉘우치지 말고 앞으로 닥칠 허물까지 조심하는 것을 말합니다. 그러면 우리가 왜 참회의 삶을 실천해야 하느냐 하면 우리가 사는 세상은 다 인과응보의 법칙으로 이루어지기 때문입니다.

한 예로 부처님의 10대 제자 중에서 신통제일(神通第一)인 목련 스님(木連尊者)께서는 엄지발가락으로 제석천(帝釋天)의 궁전을 진동시키는 신통력을 가지셨는데 평소에는 신통력을 안 쓰시고 다만 부처님의 법회장에 다른 종교인들이 와서 방해를 하거나 설법을 그릇되게 하는 마왕이 날뛰면 그 때에는 신통력으로 부처님의 교단을 지키셨습니다.

말년에 데바닷타 세력의 박해로 집단으로 던지는 돌을 맞으시고 치명적인 중상을 입었는데 도반 사리불 스님(舍利弗尊者)께서 병문안을 가셔서 "벗이여, 신통력을 가지고 왜 박해를 물리치지 않았는가?" 하시니 목련 스님께선 "사리불이여, 이것은 내 자신의 전생의 과보이네. 내가 전생에 아내에게 속아서 나의 부모를 해쳐 그 악업의 과보로써 지금의 고통을 받는 것이요."라고 했습니다. 더욱이 전생의 악업 앞에서 목련 스님께서는 자신이 신통력이 있다는 사실조차 잊어버리시고 매를 맞으신 것이니 현세의 신통력보다 전생부터 지어온 업력이 이 얼마나 대단하고 무서운 것입니까?

목련 스님의 예만 보더라도 우리는 먼저 우리의 죄장이 태산 같은 것을 의심하지 말고 숙업을 참회한 다음 바라는 바를 성취하고자 기도해야 합니다. 참회를 하는 데는 가장 대표적인 두 법이 있으니 이참법(理懺法)과 사참법(事懺法)을 말합니다. 먼저 이참법을 설명하자면 참회자가 죄업의 진실한 모습이 어떠한 것인가를 관찰하여 참회를 이루는 것으로 관찰실상참회(觀察實相懺悔)라고도 합니다.

즉 마음이 때묻지 않고 고요히 비어 있는 것을 알게 되면 죄업도 자취가 없어지는 것이니 본래의 마음바탕에서 보면 죄상(罪相)은 없다는 것입니다. 그러므로 이와 같은 입장에서 죄업의 실상을 깨달아 죄를 소멸시키는 것입니다.

부처님 당시에 두 비구스님이 깊은 산 속에서 수행을 하고 있었는데 하루는 한 비구스님의 누이동생이 출타 중인 오빠스님을 찾아와서 평소 사모하던 비구스님이 혼자 있는 것을 알고 유혹을 해서 그 비구스님을 파계시켰습니다. 파계 후 정신을 차린 비구스님은 통곡을 했고 여인은 도망을 갔습니다.

잠시 후 돌아온 오빠스님은 도반스님에게 전후 사정을 듣고 분노하여 누이동생을 찾아나서서 헤매다 마침 절벽 위에서 쉬고 있던 누이동생을 보고 달려들자 무서워서 뒷걸음치던 누이동생이 그만 절벽 아래로 떨어져 죽고 말았습니다.

이로 인해 한 비구스님은 음계(淫戒)를, 한 비구스님은 살계(殺戒)를 범했으니 그 얼마나 괴롭고 막막했겠습니까? 두 스님은 서로 붙들고 통곡하다가 참회를 해야 한다는 결심을 하고 그 당시 대율사인 우바리 스님(優婆離尊者)을 찾아가 사실을 고백하였습니다.

이 때 우바리 스님께서는 "두 비구는 사바라이(四波羅夷; 교단에서 축출 당하고 죽어서는 지옥에 떨어지는 죄) 중 하나를 범했으니 무상대도(無上大道)를 이룰 생각을 마라. 바라이 죄를 범한 것은 마치 나락씨를 뜨거운 물에 담갔다 꺼낸 것과 같다. 이에 너희는 보리(菩

提) 종자를 완전히 삶아버렸다."고 호통을 치니 두 비구스님은 자탄하며 바위에 머리를 찧으며 기사굴산을 내려오다 유마 거사(維摩居士)를 만났습니다.

유마 거사께서는 수심이 가득한 두 비구스님께 사연을 물으니 두 비구스님께서는 자초지종을 설명하였고 이에 거사께서는 "두 스님께서는 분명히 큰 죄를 지었습니다. 그럼 어디 한번 봅시다. 그 죄가 어떻게 생긴 것인지!" 하며 두 스님을 향해 손바닥을 내미는데 그 순간 두 비구스님께서는 죄무자성(罪無自性)의 도리를 깨닫고 진실한 이참을 하게 되었습니다.

"죄는 자성이 없는데 마음을 쫓아 일어나는 것이니 마음이 만약 없어지면 죄도 따라없어진다. 죄도 마음도 없어져서 두 가지가 다 공한 상태가 되면 이것을 이름하여 진짜 참회라고 하느니라.(罪無自性從心起 心若滅時罪亦忘 罪忘心滅兩俱空 是即名爲眞懺悔)" 하는 우리에게는 천수경(千手經)을 통해서 익히 알고 있는 이 게송이 그 때 유마 거사께서 읊은 게송입니다.

금강삼매경(金剛三昧經)에서 아난 스님(阿難尊者)께서 부처님께 여쭙기를, "어떻게 하는 것을 참회라 하나이까?" 하시니 부처님께서는 "진심관(眞心觀)에 들 때 모든 죄는 사라진다."라고 말씀하셨습니다.

이로써 이참법의 설명을 마치고 이제부터 사참법에 대하여 말씀 드리겠습니다. 사참(事懺)은 수사분별참회(隨事分別懺悔)의 약칭입니다. 즉 일에 따라 분별하여 참회하는 법으로 몸으로는 불보살님께 예배를 드리고 입으로는 송경(誦經) 염불을 하며 마음으로는 업장을 참회하는 것을 말하며, 때로는 대중을 기쁘게 하고 즐겁게 하며 정성껏 청소하고 대중을 뒷바라지하는 것도 사참이라 합니다.

신라의 원효 스님(元曉大師)께서 요석공주와의 인연으로 파계 후 걸인 행색을 하시고 저잣거리에서 뒤웅박을 두드리며 "나무아미타불"과 광명진언(光明眞言), 무애가(無碍歌)를 부르면서 그 당시 귀족 불교를 탈피하여 천민을 비롯한 대중을 위해서 불법(佛法)을 전하는 데 심혈을 기울였으니 이와 같은 반야행, 보살행, 자비행, 무애행을 실천하신 스님의 삶이야말로 이참 사참을 동시에 이룬 진정한 참회의 삶을 걸어간 도인이라 생각됩니다.

옛말에 "독초가 나는 곳 근처에는 반드시 양약이 있다."는 말이 있듯이 수행을 하다가 파계를 했더라도 수행을 포기하지 말고 진실로 참회를 한다면 독을 약으로 바꾸는 결과를 얻을 수 있으니 각기 분수에 따라 참회법을 정하여 원을 세우고 쉬지 말고 실행하며 마음 속의 그릇된 소견과 번뇌와 무지를 닦아갑시다.

진실한 참회는 지혜로써 어리석음을 깨뜨리고 다시는 죄업을 짓지 않게 하여 스스로를 죄장에서 벗어나게 합니다. 악을 선으로 돌리고 그릇됨을 올바름으로, 어리석음을 깨달음으로 돌려서 대 해탈을 이루게 하는 참회행을 하여 자신도 제도하고 남도 제도하는 대승보살의 삶을 실천하여야겠습니다.

혜능 스님(慧能禪師)께서도 "죄가 있으면 참회하고 잘못이 있으면 부끄러워할 줄 아는 데에 대장부의 기상이 있다."고 하였고, 또 "부끄러워하는 마음은 모든 장엄에 있어서 가장 첫째가 되는 것이니 부끄러워함은 쇠갈고리와 같아서 능히 사람의 그릇된 법을 제

어하는 것과 같은 것이다." 라고 하셨습니다.

부끄러워하는 마음이 있는 사람은 언제고 선법(善法)을 지어서 성현이 될 수 있지만 부끄러워하는 마음이 없는 사람은 세월이 갈수록 금수(禽獸)와 다를 바가 없어지게 되는 것입니다.

항상 참회하는 자세로 살아가는 모습보다 이 세상에서 더 아름다운 모습은 없습니다.

-참회산림법회

육바라밀의 실천

세계불교 속에서 우리 나라를 지리적으로 구분할 때는 북방불교(北方佛敎)이며 사상적으로 구분할 때는 대승불교(大乘佛敎)라고 합니다. 대승불교에 속한 영향으로 예로부터 보살이 열반에 이르기 위한 수행의 기본 덕목(德目)으로 육바라밀을 중요하게 여겨 왔습니다.

바라밀(波羅蜜)은 범어로 pāramitā의 음역으로 피안(彼岸)에 이르는 것으로 해석되고 도(度)라고 하며 이상(理想)을 달성하는 것, 완성에 도달하는 것이라 하며 육바라밀은 보시(布施), 지계(持戒), 인욕(忍辱), 정진(精進), 선정(禪定), 지혜(智慧)를 말합니다. 우선 전체적으로 사익경(思益經)의 말씀으로 설명드리고 나서 개별로 설명드리겠습니다.

사익경에 부처님께서 말씀하시기를, "만약 보살이 능히 모든 모양(相)을 버리면 이름이 단(檀; 보시) 바라밀이라 하며 능히 모든 수지(受持)하는 바를 멸하면 이름이 시(尸; 지계) 바라밀이라 하며, 육진(六塵)에 상(傷)하는 바가 되지 않으면 이름이 찬제(羼提; 인욕) 바라밀이라 하며, 모든 행(行)하는 바를 여의면(離) 이름이 비리야(毗梨耶; 정진) 바라밀이 도며, 일체법(一切法)을 기억해 생각(情念)하지 않으면 이름이 선(禪) 바라밀이 되며, 모든 법(法)의 무생성(無生性)을 인(忍)하면 이름이 반야(般若) 바라밀이 되느니라.” 하셨습니다.

다시 보시바라밀에 대하여 말씀드리면, 보시바라밀에는 세 가지가 있는데 재물을 베푸는 것으로 재시(財施), 진리를 가르치는 것으로 법시(法施), 공포를 없애고 안심을 주는 것으로 무외시(無畏施)가 있습니다.

같은 보시를 행하여도 금강경(金剛經)에서는 무주상보시(無住相布施)의 공덕을 더욱 찬탄하였으니, 부처님의 전생담에 보면 눈을 빼달라고 하면 눈을 빼주셨고, 그 빼준 눈을 밟아버려도 동요가 없으셨고, 새를 살리기 위해서 살을 잘라내어 주셨고, 굶주린 호랑이에게 몸을 던져주셨고, 화살을 대신 맞으시고 나찰에게 피를 뽑아주는 보시를 하시면서도 하신다는 생각이 끊어진 상태에서 보시를 하셨습니다.

벳산타라 왕은 처자를 달라는 바라문에게 처자를 보시했고 지장경(地藏經)에는 지장보살(地藏菩薩)님께서 과거 바라문녀로 수행시 돌아가신 어머니의 천도를 위하여 집을 팔아서 향과 꽃과 공양구를 부처님의 탑사에 올린 공덕이 있습니다.

한없는 보시는 한없는 공덕이요, 보시는 모든 선업(善業)의 근본이 되는 것이니 모름지기 실천에 힘써야 합니다. 지계바라밀은 계율(戒律)을 지키는 것인데 계율은 대비유익(大悲有益)으로 모든 중생에게 이익을 안겨다 주는 대자대비의 말씀이요, 대인유지(大人有智)로 큰 스승 부처님의 지혜에서 나온 말씀입니다.

잠시 율장(律藏)이 결집된 유래를 말씀드리자면, 부처님께서 열반에 드시자 제자들이 통곡을 하며 슬퍼하는데 "해방됐다. 스님들 슬퍼하지 마시오. 우리는 이제 해방이 되었소. 잔소리쟁이가 가셨으니 지금부터 우리는 자유요. 앞으로는 이것은 마땅히 행하라, 저것은 행하지 말라고 간섭할 스승은 없소. 나는 내 마음대로 할 것이오."라고 하며 대중을 선동하는 몇몇 무례한 스님들이 있었습니다.

이에 가섭 스님(迦葉尊者)께서 근심하시며 계율을 재정립하실 뜻을 세우시고 부처님께서 열반에 드신 3개월 뒤에 필발라국에서 지계제일(持戒第一) 우바리 스님(優婆離尊者)으로 하여금 계율을 외우게 하여 율장부터 결집하게 되었습니다. 부처님께서 열반에 드셨다고 가르침을 따르지 않아도 된다고 했던 무례한 제자들로부터 진실한 제자들을 지켜낸 계율이야말로 불교를 지키는 방어벽이며 생명선, 보호선입니다.

부처님께서 계를 정하실 때는 열 가지 뜻을 생각하셨는데 이를 결계십구의(結戒十句義)라 하며,

첫째는 대중을 성취하기 위하여(攝取於僧),

둘째는 대중의 화합을 위하여(令僧和合),

셋째는 대중의 안락을 위하여(令僧安樂),

넷째는 다스리기 어려운 자를 잘 다스리기 위하여(難調者令調順),

다섯째는 부끄러워하고 참회하는 이들에게 안락을 주기 위하여(慙愧者得安樂),

여섯째는 믿음이 없는 자에게 믿음을 주기 위하여(未信者令信),

일곱째는 이미 믿음을 일으킨 자의 믿음을 더욱 자라나게 하기 위하여(已信者令增長),

여덟째는 현세의 번뇌를 끊게 하기 위하여(斷現世煩惱),

아홉째는 후세의 탐욕과 악을 끊게 하기 위하여(斷後世俗惡),

열번째는 정법을 영원히 유통시키기 위하여(令正法得久住)입니다.

계율을 지키는 것이 불법을 지키는 것이며 불종자(佛種子)를 지키는 것이며 복을 지키고 지혜를 지키는 것이니 모름지기 지계를 생활화합시다. 인욕바라밀은 고난을 참고 견디는 것으로 만약 자신은 핍박을 받으면서도 남을 핍박하지 않는다면 이는 인욕을 성취했다고 말할 수 있습니다.

부처님께서 전생에 인위(因位; 깨달음 이전, 수행의 시대)에서 인욕선인이 되시어 인욕의 수행을 닦으실 때 가리왕이 몸을 칼로 찢고 잘라내도 참고 정진하신 인행이 금강경에 적혀 있으며 대방편불보은경(大方便佛報恩經)에 보면 인욕태자(忍辱太子) 이야기가 나오는데 그 내용은 이렇습니다.

옛날 비바시불 때에 바라나국왕에게 인욕이라는 태자가 있었습니다. 태자의 부모가 병이 중하게 되자 의원이 말하기를 "대왕의 병에는 성내지 않는 사람의 고기가 약입니다." 하니 태자가 생각하기를 '내가 나서부터 이 날까지 성내지 않았으므로 인욕이라 이름 했으니 나의 살이 약이 되리라. 나라 안에 성내지 않는 자가 있더라도 어찌 그가 나의 부모님을 구할 수 있겠는가?' 하고 스스로 살을 베어 약으로 드리니 부모의 병이 곧 나았다고 합니다. 이 얼마나 거룩한 행입니까?

제가 살아보니 참는 것도 자꾸 노력하면 처음에는 힘들어도 차차 인욕의 열매가 익어져서 버릇이 바뀌고 습관이 바뀌고 업이 바뀌는 것을 느낍니다. 우리도 열심히 노력해서 어떠한 경계에도 자연스럽고 태연스럽게 대하며 참을 것조차도 없는 인욕선인이나 인욕태자처럼 됩시다.

정진바라밀은 진실의 도를 느슨히 하지 않고 정밀하게 실천하는 것으로 악을 쫓고 선을 닦기 위한 목적으로 노력하는 것을 말합니다. 이 세상은 모두 인과법(因果法)으로 이루어져 가는데 씨앗이 곧 열매는 아니고 씨앗이 자라서 열매가 맺어지니 열매가 되려던 시간이 흘러야 하는데 이 흘러가는 시간 동안에 정진을 잘해야 좋은 열매를 맺을 수 있습니다.

정진을 할 때는 모름지기 돌탑을 쌓듯이 돌다리를 놓듯이 정성을 다해야 합니다. 화엄경에 정진에 대하여 "만법(萬法)이 스스로 청정함을 이름하여 정이라 하고 무공(無功)의 지(智)로 응하여 근기를 알아 중생을 이롭게 함을 이름하여 진이라 하느니라."라고 하셨습니다.

선정바라밀은 정신을 통일하고 안정시키는 것으로 마음의 번뇌를 가라앉히고 사념(思念)을 없애는 것인데 선정을 닦으면 월등삼매경(月燈三昧經)에 열 가지 큰 이익이 있다고 하여서 이에 말씀을 드리겠습니다.

첫째는 안주의식(安住儀式)으로 정숙한 위의를 성취하며 모든 근(根)이 적정(寂靜)하고 정정(正定)이 나타나는 것이며,

둘째는 행자경계(行慈境界)로 항상 자애심이 생겨서 살상하려는

생각이 없어져서 중생들을 편안하게 하는 것이며,

셋째는 무번뇌(無煩惱)로 욕심, 성냄, 어리석음 등의 번뇌가 자연히 일어나지 않는 것이며,

넷째는 수호제근(守護諸根)으로 모든 근(根)을 잘 지켜 색(色) 등의 여러 진(塵)에 의해서 움직이지 않게 되는 것이며,

다섯째는 무식희락(無食喜樂)으로 선열(禪悅)의 맛을 얻게 되어 도체(道體)를 도와주게 되며 비록 음식을 먹지 않아도 자연히 기쁨이 넘치게 되는 것이며,

여섯째는 원리애욕(遠離愛慾)으로 일심(一心)이 고요해져서 산란하지 않으므로 일체 애욕의 경계에 물들지 않는 것이며,

일곱째는 수선불공(修禪不空)으로 선의 공덕을 얻고 진공(眞空)의 이치를 증득하므로 단멸(斷滅)의 공에 떨어지지 않는 것이며,

여덟째는 해탈마견(解脫魔羂)으로 생사의 일체 마구니의 그물(魔網)을 멀리 여의어 해탈을 얻게 하는 것이며,

아홉째는 안주불경(安住佛境)으로 무량한 지혜를 밝게 발하고 깊이 법의 뜻에 통달하여 부처님의 지견(知見)이 자연히 밝아지므로 마음이 적멸하게 되는 것이며,

열번째는 해탈성숙(解脫成熟)으로 일체의 미혹한 업(惑業)이 소멸되어 무애해탈(無碍解脫)이 자연히 원숙하게 되는 것을 말합니다.

요즈음 불자님들은 기도나 참선을 시키면 "이렇게 하면 무엇이 좋습니까?" 하고 꼭 따지고 물어오는 버릇이 있기에 저도 이런 말씀을 드리는 것입니다.

끝으로 지혜바라밀에 대하여 말씀드리자면 지혜바라밀은 진실

한 지혜를 얻는 것으로 실상(實相)을 비쳐보는 지혜로써 나고 죽는 이 언덕을 건너 열반의 저 언덕에 이른 배나 뗏목과 같으므로 바라밀다라고 합니다.

지혜야말로 험악한 길에서는 길잡이가, 어둠에서는 횃불이, 생사의 바다에서는 배가, 병중에는 양의가, 삿된 마음을 부수는 태풍이, 마군을 깨뜨리는 장군이, 길을 비추는 태양이, 갈애를 죽이는 감로가, 어리석음을 끊는 칼날인 것입니다.

육바라밀 중에서 앞의 다섯 바라밀도 중요하지만 이 지혜바라밀은 그 기본이 되는 바라밀로서 『만선동귀집(萬善同歸集)』에는 "만약 지계에 지혜가 없다면 잠시 상욕계(上欲界)에 태어났다가 도로 지옥에 떨어지며, 인욕에 지혜가 없다면 과보로 단정한 모습은 얻지만 적멸인(寂滅忍)을 증득하지 못하며, 정진에 지혜가 없다면 한갓 생명의 공(功)을 일으킬 뿐 진상해(眞常海)로 취향하지 못하며, 선정에 지혜가 없다면 다만 색계선(色界禪)을 행할지라 금강정(金剛定)에 들어가지 못하며, 만선(萬善)에 지혜가 없다면 공연히 유루인(有漏因)을 이룰 뿐 무위과(無爲果)에 계합하지 못한다."고 하였습니다.

그러므로 모든 바라밀 중에 지혜바라밀을 얻지 못하면 바라밀이라는 명자(名字)도 얻지 못하며 또한 견고치도 못하니 지혜바라밀은 육바라밀의 시작이자 끝이 됩니다.

이제 부족하나마 육바라밀에 대하여 말씀을 드렸으니 다 함께 대승보살의 정신으로 육바라밀을 실천하는 수행자가 됩니다.

- 교수불자수련회 입제식

마음 마음 마음

　모 방송 인기드라마에서 궁예왕이 관심법(觀心法)을 운운하자 세속에서 관심법이 유행어가 되었습니다. 잘못 알면 관(觀; 볼 관)을 관(關; 빗장 관)으로 생각할 수 있는데 관심(觀心)은 마음을 관찰하는 것으로 자신의 마음의 본성(本性)을 명확하게 관조(觀照)한다는 것이요, 관심(關心)은 어떤 사물에 마음이 끌리어 주의를 기울이는 것입니다. 그러므로 승려 출신의 궁예왕은 한때 깨달음을 향해 마음 공부를 했던 연고로 관심법(觀心法)을 이야기하는 것입니다.

　이왕에 많은 사람들이 이 마음을 관하는 법에 매력을 느끼고 있으니 오늘 법회는 마음에 대하여 생각해 봅시다. 마음의 작용이란 신통묘용(神通妙用)해서 경전과 어록마다 설명되어 있습니다.

　부처님께서는 화엄경(華嚴經)에서 "마음은 모든 사물의 근본이기도 하고 미혹(迷惑)의 근본이기도 하다. 그러므로 자기 마음의 본성은 일체가 오직 마음으로 짓는 것이다(一切唯心造)."라고 말씀하셨고, 달마 스님(達磨大師)께서는 혈맥론(血脈論)에서 "마음을 마음이라고 보는 그 마음이 참으로 찾기 어렵다. 마음은 넓어진 경우 전 우주를 뒤덮고, 좁아질 경우에는 바늘구멍 하나의 틈도 허용하지 않는다."라고 말씀하셨습니다.

사실 우리가 고통스럽다고 울부짖거나 만족하다고 자만하는 것 모두가 마음의 장난일 뿐인 것을 잘 알면서도 스스로 확철하게 깨닫지 못하고 그냥 알기만한 것이라 다람쥐 쳇바퀴 돌 듯이 마음의 장난에 따라 울고 웃을 수밖에 없는 것이라 생각합니다.

저도 일생을 마음공부에 뜻을 두고 사는 승려인지라 단문(短文)하기는 하나 마음에 대한 성현의 말씀 중에 기억하고 있는 가르침을 말씀드리고자 합니다.

능가경(楞伽經)에 "마음이 생기면 갖가지 법이 생기고 마음이 사라지면 갖가지 법이 사라진다."라는 말씀이 있고, 유마경(維摩經)에는 "정토(淨土)를 얻으려면 그 마음을 깨끗이 하고 그 깨끗한 마음을 따라 부처님의 정토가 나타난다."라는 말씀이 있고, 유교경(遺教經)에는 "오직 마음을 잘 다스리면 어떠한 일도 판단하지 못할 것이 없다."라는 말씀이 있고, 불명경(佛名經)에는 "죄는 마음을 좇아 생겼다가 마음을 좇아 사라진다."라는 말씀이 있고, 관심론(觀心論)에는 "오직 마음을 꿰뚫어 보는 한 법이 우주의 진리를 포괄하고 있으니 이 법이 가장 요긴하다."라는 말씀이 있고, 끝으로 화엄경(華嚴經)에 "마음 밖에 법을 보면 신심(信心)을 성취하지 못한다."라는 말씀이 있습니다.

수행자가 공부한다는 것도 결국 이 마음공부이니 마음 하나 미(迷)하면 일체를 다 미하는 것이요, 마음 하나 깨달으면 일체를 다 깨닫게 되는 것입니다.

큰 소나무에 칡넝쿨이 감아 올라가 복잡하게 엉키어 있을 때 그 칡넝쿨을 없애려면 줄기나 가지 꽃 열매는 아무리 잘라내도 소용이 없고 오직 뿌리를 파내야 되고 소나무를 잘 가꾸려면 뿌리를 잘 북돋아 주어야 사니 나무의 근본은 뿌리이기 때문입니다. 나무를 가꿀 때 근본인 뿌리를 잘 가꾸면 멋있게 잘 키울 수 있듯이 수행하는 사람도 마음이 도의 근원, 깨달음의 근본인 줄 알고 공부하면 공을 적게 들이고도 도를 이루기 쉽고, 마음인 줄 모르고 공부하면 공을 많이 들여도 바른 길에서 벗어난 것이라 도를 이룰 수가 없습니다.

수행자는 언제 어디서나 어떠한 일을 당해도 환경과 상대에서 그 해결을 찾으려 하지 말고 늘 스스로 명심하기를 모든 선과 악, 행복과 불행이 다 내 마음에서 일어나는 것임을 알아서 그 마음을 관찰할지언정 마음 밖에서 해결방법을 찾으려 하지 마십시오. 내 마음에서 일어나는 의문에 대한 모든 해답은 내 마음 속에 있습니다. 아무리 어려운 문제가 생겨도 문제가 일어난 그 자리에 해답이 몰래 숨어 있습니다. 지혜로운 성인과 어리석은 범부도 마음의 가치에 따른 것이지 형상의 고귀함에 있는 것이 아닙니다.

왜냐하면 육신이라는 본래 사대(四大: 땅, 물, 불, 바람)가 인연 따라 뭉쳐진 것이라 허망하기 짝이 없는 것입니다. 그러나 이 허망한 육신도 그 마음을 쓰는 데 따라서 삼천대천세계를 덮고도 남는 법신(法身)이 되는 것입니다.

진리를 깨달아 더러운 것에 물들지 않으면 성인의 청정법신(淸淨法身)이 되어 모든 괴로움에서 벗어나 열반의 즐거움을 누릴 것이며, 만일 더러운 마음을 따라 악업을 지으면 범부의 육신이나 생사를 윤회하며 갖가지 괴로움을 받는 것입니다.

158

열반경(涅槃經)에 "모든 중생에게 불성(佛性)이 있으나 어둠에 덮여서 해탈하지 못한다." 하였습니다. 중생의 어두운 마음만 밝히면 그대로 찬란히 빛나는 부처님의 덕성(德性)이 나타나는 것인데 우리는 오늘도 태양 아래 서 있는 장님처럼 지혜의 눈이 멀어서 부처님 품안에서 부처님을 찾아 헤매는 것입니다.

금이 비록 귀하나 흙 속에 있고 비취가 비록 맑으나 돌 속에서 나오듯 성현의 출현도 중생의 깨달은 마음에서 이루어지는 것입니다. 그러므로 수행자에게 있어 마음을 잘 챙기는 것보다 더 중요한 것은 없으니 마음이 지혜롭고 바르면 일체가 다 바르게 바뀌어 육선(六善)을 행하게 되는 복밭이 되니 보살의 거룩한 삶의 주춧돌이 되는 것입니다.

마음이 참되면 말과 행이 다 참되게 나타나고 마음이 삿되면 밖으로 드러나는 모든 것이 다 삿되고 또 내게 다가오는 인연도 다 삿되게 되어 있습니다. 진인(眞人)이 되느냐 사인(邪人)이 되느냐, 선인(善人)이 되느냐 악인(惡人)이 되느냐, 복인(福人)이 되느냐 천인(賤人)이 되느냐 하는 모든 결과가 모두 마음의 깨달음에 달려 있으니 우리의 삶과 수행에 있어서 마음공부보다 더 중요한 것은 없다고 생각합니다.

근대 선불교의 중흥조이시며 오늘날까지 선가의 정신적 지주이신 경허 스님(鏡虛禪師)의 생전의 일화(逸話) 중에서 마음에 관한 일화 한 가지를 소개합니다.

경허 스님께서 보임처(補任處)로 계시던 서산(瑞山) 천장사(天藏寺)에 하루는 지금의 홍성에서 이처사(李處士)라는 분이 와서 멀리 스님의 모습을 바라보고 뻣뻣이 서서 큰 소리로 "도인이 계시다고 해서 왔더니 공연히 헛소문 듣고 헛걸음을 했군." 하고 돌아가려고 하니 스님께서 더 큰 소리로 "처사님은 마음이 헛되니 눈으로는 헛것만 보고 귀로는 헛소리만 듣고 입으로는 헛말만 하고 발로는 헛걸음만 하는구려. 마음이 헛되니 만사가 다 헛것일 수밖에."라고 하셨습니다.

이에 이처사가 자신의 허물을 깨닫고 스님께 예를 갖추어 도와 도인에 대하여 여쭈니 스님께서 "참선인에겐 마음을 깨달은 자가 도인이요, 농부에겐 농사를 잘 짓는 자가 도인이요, 어부에겐 고기를 잘 잡는 자가 도인이요, 포수에겐 사냥을 잘 하는 자가 도인이요, 상인에겐 장사를 잘 하는 자가 도인이니 도라는 것은 정해진 것이 없고 도인도 정해진 것이 없으니 자신의 처지에 따라 마음 하나 잘 쓰는 게 도요, 그 마음 잘 쓰는 사람이 바로 도인입니다."라고 말씀하셨습니다. 이처사는 스님의 가르침을 받은 후 정진도 열심히 하고 천장사도 잘 외호하였다고 합니다.

가만히 생각해보면 지금 이 시간에도 북망산천(北邙山川)에는 상복을 입은 사람들의 통곡이 울려 퍼지고 있고 다비장에선 연기가 꺼질 날이 없는데 그 자리에 번지는 슬픔이 각자 육신의 허망함을 보고 헤매는 것이지 진정 그 날의 주인공인 영혼의 내세와 업보와 어리석음을 보고 우는 경우가 몇이나 있으며 또 그 영혼을 밝혀줄 능력 있는 상주가 몇이나 있겠습니까? 결국 자신의 영혼은 자신의 삶을 통해 책임져야 하는 것이 아니겠습니까?

삶과 죽음을 통해서 진실로 걱정해야 하는 것은 마음이 어떻게 변해가는 것인가이지 육신이 어떻게 변해가는가는 아닙니다. 육신은 아무리 가꾸고 보살펴도 늙고 병들고 무너지는 것이요, 윤회의 주체도 영혼이지 육신은 아니지 않습니까?

생각해보면 이 지구상에서 인간만큼 오래 사는 중생도 드문데 모두들 짧다고 애석해하기만 하니 이 또한 삶의 애착에서 생겨난 고통일 뿐입니다.

그저 살아 숨쉬는 동안 순간 순간에 마음 하나 잘 지키고 살면 숨 꺼지는 순간에 영원한 시간 속으로 마음껏 주인공이 되어서 머무는 업을 가질 수 있는데 이것을 다 함께 쉽게 못하는 것이 안타까울 뿐입니다. 마음 공부에 대하여 아무리 강조하고 또 강조하여도 지나침은 없으나 시간 관계상 이만 자리를 거둡니다.

부디 진실한 관심법으로 미망의 구름에서 벗어나 부처님이 됩시다.

-원광대학교 명예철학박사 학위수여기념법회

신심이 도

한 방울의 물이라도 흘러 흘러가면 결국에는 바다에 들게 됩니다. 한번 바다에 들면 모두 바닷물로 불릴 뿐 거기에는 동서에서 흘러온 이름이나 평야와 계곡에서 흘러온 이름이 남아 있지 않습니다. 어떤 물이든 현재 바다에 흘러 들었으면 과거의 맛은 없고 오직 짠맛의 바닷물일 따름입니다.

부처님의 법도 이와 같아서 부처님께 믿음을 내어서 귀의(歸依)하였으면 그는 이미 부처님의 소중한 제자이며 자녀일 뿐입니다. 믿음이 곧 부처님 씨앗(佛種子)이기 때문에 믿음만 잘 지키면 언제고 부처님열매(佛果)를 얻을 수 있는 것입니다.

부처님께서 화엄경(華嚴經)에 믿음(信)에 대하여 이르시기를 "불심(佛心), 중생심(衆生心), 자심(自心)이 모두 일심(一心), 일성(一性), 일법계(一法界), 일지혜(一智慧)가 되어야 비로소 믿음을 성취한다."라고 하셨고, 또 "믿음은 도의 근원(根源)이며 공덕의 어머니가 되는지라 일체 선법(善法)을 장양(長養)하며 의심의 그물을 끊어 제하고 애류(愛流)에서 벗어나게 하며 열반의 위없는 도를 열어 보이느니라." 하셨습니다.

이처럼 믿음은 모든 선행 중에 가장 기본이 되는 것으로 수행자는 믿음의 힘으로 사는 것이라 생각합니다. 믿음은 유리그릇과 같아서 항상 잘 지켜야 하는데 예를 들자면 한밤중에 보름달이 세상을 비추매 물그릇 속에 그 그림자가 있으나 그릇에 금이 가면 물이 세고 물이 세면 달 그림자도 따라서 없어짐과 같이 아무리 밝은 지혜의 달이라도 믿음이 견고하지 못하면 그 지혜의 빛을 담을 수가 없는 것과 같습니다. 금강석과 같은 믿음이 있어야 어떠한 가피도 입을 수 있고 어떠한 고난도 이길 수 있습니다.

부처님께서 아함경(阿含經)에 이르시기를, "너희들은 세상의 많은 사람들에게 가엾게 여기는 마음과 자비한 마음을 일으켜야 한다. 사람들이 너희들의 말을 기꺼이 듣고 받아들인다면 그들을 위해 네 가지 무너지지 않는 깨끗한 마음을 이야기해 주어 그들로 하여금 그 깨끗한 믿음에 들어가 머물도록 해야 한다. 그 네 가지란 부처님과 가르침과 승가에 대한 무너지지 않는 깨끗한 믿음과 계율에 대한 깨끗한 믿음을 성취하는 것이다.

땅, 물, 불, 바람이라고 하는 물질 구성의 네 가지 요소(四大)는 비록 변함이 있을지라도 이 네 가지에 대한 깨끗한 믿음을 성취하면 지옥, 아귀, 축생의 나쁜 길에 떨어지지 않을 것이다."라고 하셨습니다.

수행을 잘하고 못하고를 떠나서 우선 삼보와 계율에 대한 확고한 믿음만 성취하여도 삼악도를 멸한다고 하였으니 믿음의 공덕은 이루 다 말씀드릴 수 없습니다.

제가 출가 후 승속(僧俗)에 관계없이 많은 분들에게서 부처님의 가르침을 배우기도 했고 전하기도 했는데 그 분들의 신심을 자세히 들여다보니 마음이 천진하고 순진하며 세속의 욕망에 깊이 빠져들지 않은 사람이나 세속의 욕망에서 초월할수록, 구도심(求道心)이 강할수록 굳은 신심을 내는 것이지 학력이나 재산, 지위, 명예, 나이, 남녀의 차이 등은 아무 상관이 없었습니다. 오히려 신심을 가지고 세상에서 부처님의 가르침을 바르게 따르려면 버릴 것은 버리고 배울 것은 배우고 믿어야 하는데 인간이란 너나없이 어리석고 애착이 많아서 자신의 하찮은 지식과 재물을 선뜻 버리지 못하고 온갖 분별심으로 부처님의 가르침을 순수히 받아들이지 못하는 경우가 많습니다.

세상에서 특히 잘못 믿고 사는 것이 있어서 말씀드리고자 하니 나는 어디에 해당하는가 각자 생각해 봅시다.

잘못된 믿음 첫째는 세상에 대한 지혜와 총명함을 믿는 것(恃世智聰), 둘째는 지위의 고귀함을 믿는 것(恃高貴位), 셋째는 나이가 많음을 믿는 것(恃年臘尊), 넷째는 가문이 훌륭함을 믿는 것(恃門族大), 다섯째는 보고 듣고 아는 것이 남보다 많음을 믿는 것(恃見聞大), 여섯째는 복덕이 많음을 믿는 것(恃福德大), 일곱째는 재산이 많음을 믿는 것(恃富饒大) 등입니다.

이 모든 것은 삶의 근본 문제인 생로병사를 해결하는 데는 아무런 도움이 안 되는 것인데도 그 허망한 힘을 믿고 자만에 빠져서 일생을 보내다 마침내 저승사자 앞에서 통곡하며 무릎을 꿇으니 참으로 답답한 처신입니다. 세속의 부귀는 허망하여 믿을 것이 못된다는 확신부터 서야만 오롯한 믿음을 낼 수가 있습니다.

부처님의 행적을 생각해보면 부처님께서는 왕자로 태어나셨고 총명함이 뛰어나셨고, 인물도 수려하셨고, 무예에도 능하셨으나 이 모든 것이 생사의 근본 문제를 해결하는 데는 아무런 도움이 안 되는 것을 깨달으시고 출가를 하셨습니다.

우리는 이와 같으신 부처님 전에서 세속적 복과 권력과 지식, 재능 등을 달라고 기도를 드리니 어리석기 한없는 중생입니다. 이제부터라도 우리가 세속적으로는 아무 것도 없더라도 오직 부처님을 굳게 믿는 마음만 확고하면 그 공덕으로 악도에 떨어지지 않고 세간의 고통을 뛰어넘어 깨달음의 도를 얻으며 생사의 바다를 건너는 거룩한 경지에 이르게 된다는 확신을 가지고 정진하여야 겠습니다.

저는 가끔 이른 새벽에 홀로 깨어나면 이산 스님(怡山禪師)의 발원문을 외우는데 늘 "날 적마다 좋은 국토 밝은 스승 만나오며 바른 신심 굳게 세우고 아이로서 출가하여 귀와 눈이 총명하고 말과 뜻이 진실하여 세상일에 물 안 들고 청정범행(淸淨梵行) 닦고 닦아 서리같이 엄한 계율 털끝인들 범하리까."하는 대목이 나오면 가슴이 뭉클해지는 것을 느끼며 저 또한 세세생생에 바른 신심 잃지 않고 더욱 견고해져서 기필코 성불하겠다는 원을 세웁니다.

우리는 항상 바른 신심을 얻기 위해서 부처님의 법이 존재하는 불국토에 태어나야 하고 바른 스승을 만나야 합니다. 그러나 이 원을 이루기가 쉬운 것만은 아니니 부지런히 노력해야 합니다. 바른 배움은 자신의 지혜가 있고 없고는 중요한 것이 아니요, 진정 중요한 것은 부처님의 법을 만나는가 그렇지 못한가에 있는 것입니다.

부처님 당시에 우둔하기 짝이 없었던 출라판타카 스님(周利槃特

比丘)이 부처님에 대한 확고한 신심으로 늘 용기를 잃지 않고 수행해서 아라한이 되신 이야기를 전해드리겠습니다.

출라판타카 스님은 형인 마하판타가 스님을 따라서 출가를 하였으나 태어나면서부터 영리하지 못해서 형이 가르쳐준 "향긋한 진홍 빛 연꽃이 새벽에 피어나서 향기를 내는 것과 같이 창공에 빛나는 태양과 같이, 만물을 널리 비추어 밝히는 부처님을 보라."는 한 구절을 넉 달이 지나도록 외우질 못했습니다.

그래서 형도 더 이상은 어쩔 수 없어서 정사 밖으로 내쫓았으나 부처님께서 발견하시고 다정히 부르시어 "출라판타카야, 너는 나에게 출가하지 않았느냐. 형에게 쫓겨났으면서 왜 내가 있는 곳으로 오지 않는 것이냐. 자, 나와 함께 가자꾸나."라고 하시며 다시 정사로 데리고 가시어 베 한 장을 주시면서 "출라판타카야, 이 자리에서 동쪽으로 앉아 먼지 때를 털어 버리자라고 외우면서 이 베를 만지거라."라고 하셨습니다.

그 후 출라판타카는 몇 달이 지나도록 "먼지 때를 털어버리자."라고 하며 베를 만지작거리다 보니 어느덧 베가 새까맣게 되어버렸고 이것을 본 출라판타카는 '부처님께서 이 베를 주셨을 때엔 손 때 하나 없이 아주 새하얐다. 그런데 내가 만져서 이렇게 더러워져 버렸다. 세상의 모든 것은 어느 한 군데에 고정되어 있지 않구나.' 하는 것을 깨닫게 되었습니다.

이를 알아차리신 부처님께서는 "출라판타카야, 이 베만이 먼지나 때에 더럽혀진 것이라고 생각해서는 안 된다. 인간의 마음 속에 있는 번뇌를 없애는 것이 더 중요하단다."라고 말씀하시며 더욱 용

기를 주시며 자비로 인도하여 주셨습니다. 우둔하다고 형에게까지
버림받았던 출라판타카는 부처님을 믿고 따르며 게으름 없이 수행
하여 곧 아라한이 되었고 그 후 많은 신통력을 보이며 매우 감동적
인 설법으로 대중을 지도하였다고 합니다.

아무리 어리석은 사람이라도 부처님을 믿는 마음만 견고하면 결
코 도에서 물러남이 없어서 언젠가는 반드시 도를 이루게 되어 있
습니다.

그러므로 끝으로 저는 '신심이 곧 도'라고 말씀드리고 싶습니다.

— 교도소 교화법회

오롯한 정성으로

어제는 하루종일 차분하게 봄비가 내리더니 오늘은 밝은 햇살 아래 산색이 더욱 아름답습니다. 뽀얗게 씻긴 바위와 어우러진 파릇한 새싹이 삶의 노래 생명의 환희곡을 부르는 듯 신비로운 색을 뿜으며 자라나고 있습니다. 순간순간 다르게 산천의 색이 진하게 변하듯 산중 스님들의 도심(道心)도 짙어지길 바랍니다.

며칠 전에 모 사찰에서 설법을 마치고 오려는데 주지스님과 신도님들이 공양대접을 하고 싶다고 하여 산중공양(山中供養)을 권해서 오늘 이 자리를 마련하였습니다. 공양 후 법회의 순서에 따라 오늘은 '공양 올리는 법'에 대하여 몇 말씀 드리겠습니다.

우리가 보통 보시(布施)를 할 때 어떻게 해야 그 공덕이 가장 수승한가 하면 무주상(無住相)으로 보시를 해야 하며, 청정한 마음으로 청정한 물건으로 보시하여야 합니다.

즉, 보시는 보시하는 이(施者), 보시를 받는 이(受者), 보시하는 물건(施物)이 공한 이치를 서로 잘 알아서 바르게 이루어지도록 해야 합니다.

또 신도님들이 대중스님들께서 수행하시는 절에 가면 '이 스님은 훌륭하시고 저 스님은 모자란다'는 생각을 내서 자기 마음대로 스님을 가려서 백번 천번 공양을 올리는 것보다 평등한 마음으로 대중스님께 똑같이 한 번 공양을 올리는 공덕이 더 큽니다. 공양은 예로부터 평등한 것이 근본이기 때문입니다.

혜인 스님(慧因大師)께서 대중공양의 공덕에 대하여 말씀하시기를 "스님을 청하는 시주자가 차례에 따라 비록 범부승(凡夫僧)을 청했다 하더라도 성현을 청한 복을 받게 된다. 왜냐하면 마음에 차별이 없으면 성현의 마음과 같기 때문이다.

또한 시방승(十方僧) 가운데에는 성스러운 스님이 모두 포섭되어 있기 때문이며 그 마음이 평등하여 불심에 계합하기 때문이다. 세상 사람들은 범부의 마음으로 가리고 저울질하여 소승의 성인과 대승의 성인을 따로 청하려 하지만 이렇게 하면 그 복을 얻는 것이 비록 적지 않다 하더라도 평등심으로 차례를 따르는 법에 의지하여 한 범부승을 청한 것만 같지 못하다.

그 얻은 바 복덕으로 말하면 5백인의 성스러운 스님네들 청한 복보다 더 많으니 만일 마음으로 간택함이 없이 청한다면 복덕은 한량이 없어서 성인과 같으니라."라고 하셨습니다.

부처님 당시에 기원정사를 세워서 보시한 수달다 장자(須達多長者)는 수많은 스님들 중에서 특히 빈두로 스님(賓頭盧尊者)을 존경하였습니다. 그래서 빈두로 스님에게 공양을 올리기 위하여 함께 계신 대중스님 5백 분을 모시어 대중공양을 올리는데 옷차림이 남루한 빈두로 스님을 걸인으로 착각한 수달다 장자의 집 문지기가 문에서 내쫓아내어 못 들어 가셨습니다.

그런데 그것을 모르는 장자는 그 후에도 2번이나 더 공양을 올려도 스님이 안 보이자 찾아가서 "스님, 세 번이나 대중공양을 마련하고 기다렸는데 왜 오시지 않으셨습니까?" 하니 스님께서는 "왜 가지 않았겠소. 걸인으로 착각하여 내쫓는 바람에 들어갈 수가 없었습니다."라고 하셨던 기록만 보더라도 부처님 당시엔 신도가 아무리 개인적으로 믿고 존경하는 스님이 있어도 그 분만을 위해 별도로 초청해 공양을 올리거나 또 스님도 혼자 신도댁에 가서 공양받는 것을 얼마나 엄격히 금했는지를 알 수 있습니다.

스님들이 대중생활을 하면서 평등하게 공양을 하는 것은 무엇보다도 대중화합과 질서를 지키며 평등과 자비정신을 몸소 실천하는 것입니다.

제가 예전에 일타 스님(日陀禪師)께서 하시는 말씀을 들으니 옛날부터 중국에서는 신도들이 5백승재(五百僧齋)처럼 많은 스님들을 위하여 대중공양을 올릴 때는 한쪽 구석자리에 빈 좌복을 하나 더 마련해 놓는 풍습이 있다고 합니다. 왜냐하면 이 좌복은 성승(聖僧) 또는 승보(僧寶)가 오시면 앉으실 자리이기 때문입니다.

그런데 가끔 정성이 지극한 재에는 대중도 모르는 형색이 남루하신 스님이 오셨다가 사라지는 예가 종종 있는데 중국사람들은 이 분들이 빈두로존자님이나 문수보살님의 응신(應身)이라고 믿는다고 하셨습니다. 대중공양에 대한 수많은 영험 이야기에는 늘 보살의 화현이 등장합니다.

이상은 평등한 마음으로 대중공양에 임하는 것에 대하여 말씀드렸고 이제부터는 청정하고 천진한 마음으로 공양을 올렸던 아쇼카왕의 전생 이야기를 말씀해 드리겠습니다.

　부처님께서 마가다국의 수도 왕사성(王舍城) 죽림정사(竹林精舍)에 계실 때의 일입니다. 어느 날 아침 일찍이 많은 제자들을 거느리고 탁발을 하고 계실 때였습니다. 그 때 마을 귀퉁이에서 쟈야와 비쟈야 두 어린이가 모래성을 만들며 놀고 있었습니다.

　두 아이는 부처님의 자비로운 모습을 뵙고 어린 마음에도 무엇인가 바치고 싶은 마음에 쟈야는 한줌의 모래 흙을 부처님의 발우 속에 넣어드리며 "보리가루를 드립니다."라고 했고, 비쟈야는 합장 예배하며 경의를 표했습니다. 또 쟈야는 부처님께 모래 공양을 바치며 "이 공덕으로 나는 세계를 통일하는 전륜성왕이 되어 붓다에게 공양할 수 있도록 하여지이다."라는 원을 일으켰습니다.

　이와 같이 쟈야는 천진한 마음으로 부처님께 모래 공양을 바치며 원을 세운 선근(善根)을 심었고 부처님께서는 쟈야의 모래공양을 미소로 받으시니 청황적백의 광명이 삼천대천 세계를 에워싸고는 부처님의 주위를 세 번 돌고 왼손을 통해서 몸으로 들어갔습니다.

　이를 지켜본 아난 스님께서 부처님께 "이 모래공양으로 인한 과보에 대하여 말씀하여 주십시오." 하시니 부처님께서 예언하시기를 "아난아, 쟈야는 모래공양을 올린 선근으로 여래의 입멸 후 100년이 지난 때 아쇼카왕(阿育王)으로 태어나 정의(正義)의 왕, 이상(理想)의 제왕이 되어서 나의 유골을 각지에 보내어 팔만사천 탑을 세워서 사람들에게 이익을 줄 것이다."라고 하셨습니다.

　이 아육왕경을 통해보면 성현과 범부는 공양을 받음에도 그 차이가 있는데 성현은 정성과 믿음을 받으시는 것이지 결코 물질에 그 가치를 두는 것이 아님을 잘 알 수 있습니다.

우리가 흔히 말하기를 불보살님은 심식(心食)으로 마음으로 공양을 받으시고, 천신(天神)은 견식(見食)이라 눈으로 공양을 받으시고, 영혼은 촉식(觸食)이라 온 몸으로 진기(眞氣)를 빨아들이고, 인간은 구식(口食)이라 입으로 먹어야 공양을 받는 것이라고 합니다. 물질의 가치보다 정성의 무게를 먼저 꿰뚫어 보시는 부처님께는 물 한 잔이라도 정성에 따라 하늘과 땅만큼의 공덕의 차이가 생깁니다.

부처님시대에 오직 무소유의 삶을 지키시던 스님들은 탁발(托鉢)을 하면서 공양을 하고 수행을 했는데 그 때부터 재가의 신도들은 사사시주자(四事施主者)라 하여 음식, 의복, 침구, 의약품을 스님들께 공양드려 승가를 외호하며 때로는 사원을 지어서 바치기도 하였습니다.

또 때로는 출가한 스님이 대중스님들에게 공양을 올렸는데 우란분경(盂蘭盆經)에 보면 신통제일 목련 스님(目連尊者)께서 아비지옥에 떨어져 고통을 받으시는 어머니 청제부인(靑提夫人)을 구제하려고 지옥까지 찾아갔으나 혼자의 신통력으로는 할 수 없음을 비통히 여기자 목련 스님의 효성을 가상히 여기신 부처님께서 하안거 해제일(夏安居解制日)인 7월 15일 우란분절법회 때에 백 가지 공양물을 마련하여 시방의 모든 부처님과 대중스님들께 공양을 올리고 어머니의 천도를 발원하라고 이르셨습니다.

이에 목련 스님께서 이를 받들어 행하여서 부처님의 가피 신통력과 스님들의 도력과 기도력으로 어머니 청제부인을 지옥에서 벗어나 화락천(化樂天)에 태어나게 하였습니다.

이처럼 신통이 자재하신 목련 스님께서도 어머니를 위하여 대중 스님들께 정성을 다하여 공양을 올렸습니다. 우리가 스님들께 공양을 올리는 것은 궁극적으로는 일체 중생에게 공양을 올리는 것과 같으니 왜냐하면 스님들이 공양을 하는 목적은 단순히 육신만 보존하기 위함이 아니라 수행에 장애가 없는 한도 내에서 영양을 공급받고 정진하여서 자신의 해탈뿐만 아니라 일체 중생을 구제하고 이익되게 하는 데 있기 때문입니다.

다시금 오롯한 정성으로 평등하고 청정한 대중공양을 올려주신 신도님들과 일념으로 공양을 받아주신 산중스님들께 감사를 드리며 오늘의 공양이 성불로 가는 길에 양약이 되시길 기원합니다.

–산중공양일

비움의 완성

세간에서 '마음을 비워라'와 '마음을 비웠다'라는 말이 자주 회자되고 있습니다. 예전에는 이런 말은 산중의 선사들의 법어(法語)에서나 접할 수 있었는데 요즈음은 한강을 낀 여의도를 중심으로 정치가나 주식 투자가들이 더욱 자주 써서 세인들의 시선을 끕니다.

'비웠다'는 말을 하는 사람들이 각자 무엇을 어떻게 비운 건지 그 경지를 알 수는 없지만 아무튼 '비웠다'라는 말 자체는 욕심으로 가득 찬 세상에 신선한 충격이자 덕담(德談)인 것은 사실이라 듣는 입장에서는 마음에 조금이나마 여유가 생기기 마련입니다.

우리의 마음이라는 것은 욕망으로 가득한 것이어서 비운 만큼 편해지고 넉넉해지고 밝아지는 묘한 것입니다. 예로부터 깨달음을 증득하신 스님들께서 비움에 대하여 수많은 가르침을 남기셨는데 그 중에서 중국의 황벽희운 스님(黃檗希運禪師)께서 전심법요(專心法要)에 '비워 버리는 것'에 대하여 그 크고 작음에 따라 세 가지로 나누어 말씀하셨으니 이 자리를 통해서 전할까 합니다.

스님께서는 비워버리는 것에는 "첫째 몸과 마음을 허공처럼 비워 버리고 취하거나 집착하는 마음을 없애버린 뒤에 방향을 따라 사물에 응하되 주객(主客)을 함께 잊어버리는 것이 큰 버림이요, 둘째 도를 행하고 덕을 베풀며 다른 한편으로는 무엇이든 바라는 마음을 계속 버려 나가는 것이 중간 버림이요, 셋째 여러 가지 선업을 닦으며 희망하는 것이 있었으나 법문을 듣고 난 뒤 만법(萬法)이 공(空)한 줄 알고 집착하지 않는 것이 작은 버림이다."라고 하셨습니다.

그리고 촛불에 비유하시기를 "큰 버림은 촛불이 앞에 나타난 것과 같아서 다시는 미혹과 깨달음이 없고, 중간 버림도 촛불이 옆에 있는 것 같아서 때로는 밝기도 하고 때로는 어둡기도 하며, 작은 버림은 촛불이 뒤에 있는 것과 같아서 앞이 늘 어둡다."라고 말씀하셨습니다.

우리가 '비움'을 실천해 가는 데 있어서 마음을 허공처럼 비워 버리고 비웠다는 마음조차 없는 큰 버림의 경지를 목표로 정진해야 합니다. 성현이나 도인이 아니면 감히 흉내조차도 낼 수 없는 큰 버림의 경지에 다다르기 위해서 부처님의 가르침을 믿고 따르다 보면 모든 집착에서 벗어나 해탈을 이루어 큰 버림의 경지에서 고통 없는 삶을 살게 될 것입니다.

부처님 말씀에 "소욕지족(少欲知足; 욕심이 적어야 만족을 안다)"이라는 말씀이 있습니다. 욕심이 적어질수록 버림이 커지고 버림이 커질수록 만족 또한 커지는 것이니 욕심을 버림이 곧 만족을 구함이 되는 것입니다.

'소욕'에 대하여 한 말씀 더 드리자면 불유교경(佛遺教經)에 "탐욕이 적은 사람은 바로 열반을 얻을 것이니 이것이 소욕이다."라고 하셨습니다.

마음을 비우면 탐욕과 어리석음도 없어져서 곧 구함도 없어지고 다툼도 없어져서 근심도 없어지고 아첨과 삿된 마음도 없어지게 되어 있습니다. 또한 마음을 비우면 저절로 너그러워져서 근심과 두려운 바가 없으며 부닥치는 일마다 여유가 있어서 언제나 모자람이 없습니다.

지족에 대하여서는 "만일 모든 고뇌에서 벗어나려면 마땅히 만족할 줄 앎을 관(觀)하라. 만족함을 아는 것이 지족이다."라고 하셨습니다. 향엄지한 스님(香嚴智閑禪師)의 시에

"작년의 가난은 가난일 것이 못 되고,
금년의 가난함이 비로소 가난일세.
작년에는 송곳 하나 꽃을 땅도 없었으나
금년에는 그 송곳조차 없다네.
去年貧未是貧
今年貧始是貧
去年無錐之地
今年其錐也無也"

라는 시가 있습니다.

아무 것도 꾸밀 것이 없는 그대로의 무소유적인 삶, 비움의 완성의 경지를 시 한편으로 읊조리며 유유자적하게 살아가는 스님 앞에 부귀영화가 다 무슨 소용이 있었겠습니까? 비움의 아름다움은

인생에 있어서 또 다른 기쁨입니다.

　세상 사람 사는 것 생각해보면 늘 다 거기서 거기라고 생각합니다. 부귀한 자의 걱정이 빈궁한 자에게는 없고, 빈궁자의 우환이 부귀자에게는 없는 것이 잘 사나 못 사나 세상 사람들의 사는 모습이고 보면 인간은 다 스스로 비워버리기 전에는 다 걱정 속에서 사는 것입니다.

　저도 제 자신을 스스로 생각해보면 오나가나 몸 하나가 재산인데 여기 저기 소임을 맡다 보면 이것저것 관리할 것이 많아서 책임감에 쫓아다니다 보면 남 보기에 물질에 대한 여유가 있어 보여도 불사를 이루자니 쉴 날 없이 구하러 다녀야 합니다.

　또 손놓고 선원이나 토굴에 앉아 있으면 주위에서는 걱정을 해도 제 마음은 한없이 여유롭습니다. 그저 살림이라는 것이 범부들에게는 있어도 걱정, 없어도 걱정인데 있어서 걱정하는 것이 없어서 걱정하는 것보다 남이라도 보기가 편한 법입니다.

　제가 몇 년 전에 바로 이 곳에 입원한 적이 있었는데 주위에서는 큰 일이라고 걱정을 하셨어도 저는 그저 스쳐가는 인연일 뿐 큰 문제는 아니라는 생각으로 있다가 퇴원을 했고 그래서 그런지 지금까지 별탈없이 잘 지내고 있습니다. 물론 그 때 여러분들께서 기도하여 주시고 보살펴 주신 은혜로 오늘이 있다는 생각도 합니다. 여러 날을 병실에서 정진하며 나옹 스님(懶翁和尙)의 말씀을 계속 생각했었습니다.

　나옹 스님께서 생전에 병이 중한 제자를 찾아가시어 다음과 같이 말씀하셨습니다.

"너의 병이 중하다고 들었다. 무슨 병인가? 몸의 병인가, 마음의 병인가? 몸의 병이라면 몸은 흙, 물, 불, 바람의 네 가지 요소가 잠시 모여 이루어진 것이니 그 네 가지는 각각 저마다 주인이 있는데 그 어떤 것이 그 병자인가?

만약 마음의 병이라면 마음은 꼭두각시와 같은 것이라 비록 거짓 이름은 있으나 그 실체는 실로 공한 것이니 병이 어디에서 일어났는가? 그 일어난 곳을 추궁해 본다면 일어난 곳이 없을 것이다. 그럼 지금의 그 고통은 어디에서 오는 것인가? 또 고통을 느끼고 아는 그것은 무엇인가? 이와 같이 자세히 살피고 살펴보면 문득 크게 깨칠 것이다.

이것이 내 병문안이다."

창 밖으로 넓은 하늘을 보며 '병이 일어난 곳이 없다'는 나옹 스님의 말씀을 확신할 때마다 새롭게 솟아나는 제 자신의 생명력을 느낄 수 있었고 그로 인해 예상보다 일찍 산중으로 돌아와 소임에 충실할 수 있게 되었습니다.

지금도 저는 나옹 스님의 말씀을 양약으로 삼고 살아가고 있습니다. 무릇 물질이든 정신이든 비워버리기 전에는 영원히 집착의 노예가 되어서 내 마음 가지고 내 마음껏 살지 못하고 내 몸 가지고 쓰고 싶은 대로 쓰지 못하는 것이니 비우는 것만이 주인이 되는 것입니다.

세인들의 이목이나 끄는 정도의 '비웠다'가 아니라 모든 것이 본래 비었다는 깨달음을 얻거나 그런 지혜로움이 없다면 부처님의 가르침에 의지하여서 중생은 오직 비워야 편히 살 수 있다는 확신을 가져야 하겠습니다.

'비워 버린다' 는 생각조차도 '비워 버렸다' 는 자만도 다 비워진 본래의 상태로 비움의 완성이 이루어진 자리에 곧 해탈과 진리의 본체가 있기 때문입니다.

- 법우회 송년법회

천도재의 공덕

천도(薦度)라는 뜻은 보편적으로 죽은 사람의 영혼을 극락으로 인도하는 것이라고 말할 수 있으며 좀 더 자세히 설명하자면 우리가 삶을 영위해가는 모든 행동과 행위가 육식(六識; 눈, 귀, 코, 혀, 몸, 뜻의 6종류의 인식작용)을 통해 아뢰야식(阿梨耶識; 가장 근본적인 식의 작용, 감춰진 잠재의식)에 전달되고 전달된 것이 저장되어 모여진 것을 업(業)이라 하며 이 업이 쌓이고 쌓여 그 결과에 따라 육도(六道; 지옥도, 아귀도, 축생도, 수라도, 인간도, 천도)를 윤회하게 되는데 이 업의 덩어리들을 정화(淨化)하는 작업을 천도라고 말하는 것입니다.

재(齋)라는 뜻도 몸, 입, 뜻의 3가지 행위를 삼가하여 몸을 깨끗이 한다든지 죄를 참회하고 새롭게 된다는 것이니 천도와 같은 뜻입니다. 그러므로 오늘의 천도재는 영가뿐만 아니라 대중에게도 부처님의 진리를 전하고 정법에 대한 믿음을 일으키게 하여 깨달음의 서원을 세우고 정진하여 생사의 고통스러운 윤회를 벗어나도록 하는 가장 뜻깊고 장엄하고 엄숙한 의식을 봉행하여야 하며 아울러 재(齋)가 외형적인 면에서만 성대히 이루어지는 데 목적을 두지 마시고 더욱 내실적으로 정성을 다하여야겠습니다.

스님들께선 법력과 의범(儀範)에 의하여 천도길을 제시하여 인도해 주시고 대중께서는 오직 일심으로 스님들께서 제시한 길에 영가들이 지나가는 꽃다리를 놓아드리는 심정으로 순간순간 혼신의 힘을 다하여 염불을 하여야겠습니다. 그리하여 부처님의 위신력과 스님들의 도력과 대중의 정성으로 모든 영혼이 악업으로 뭉쳐진 업의 덩어리를 다 놓아버리고 청정무구(淸淨無垢)한 해탈의 복락을 누리게 하여야겠습니다.

특히 영가님들은 영혼의 세계에서 오셔서 형상이나 소리만으로는 통할 길이 없고 다만 간절하고 정성스러운 마음과 법력으로 관해야만 통할 수 있는 것이니 염불을 함에 있어서 소리만 흉내내고 정력(定力)이 없는 고성염불(高聲念佛)이나 정성이 부족한 화려한 재물만으로는 천도재의 목적을 다 성취할 수 없습니다. 모름지기 대중의 진실한 참회와 간절한 기도로 부처님의 가르침에 따르는 의식과 발원으로 재를 봉행하여야 영가님과 대중의 업장이 소멸되고 천도재의 목적을 원만히 이루게 됩니다.

제가 이제부터 멋진 재를 지내신 혜월 스님(慧月禪師)의 일화를 소개하겠습니다.

혜월 스님께서는 수덕사와 가까운 덕산면 신평리에서 태어나시어 정혜사(定慧寺)에서 삼촌 되시는 혜안 스님(惠安禪師)을 어머니와 함께 뵈러왔다가 12세 어린 나이에 출가를 하고 싶어서 혜안 스님과 살다가 15세에 사미계(沙彌戒)를 받으시고, 19세에 천장사(天藏寺)에 계시던 경허 스님(鏡虛禪師)을 찾아가서 참선의 관문(關門)을 두드리기 시작해서 22세에 인가(印可)를 받으시고 남방으로 내려가셔서서 선법을 펴셨습니다.

혜월 스님께서 부산에 계실 때 하루는 부산진에 사는 우바새(優婆塞: 남자신도) 한 사람이 찾아와서 아버지의 49재를 스님 계신 절에서 모시고 싶다면서 그 당시로는 상당한 액수의 돈 뭉치를 스님께 드리고 가자 스님께서는 돈 뭉치를 세어보지도 않으시고 그대로 벽장 안에 넣었습니다. 49재가 되는 날 아침 만상좌이신 운암(雲巖) 스님께서 재 준비를 위해서 부산장에 먼저 내려가면서 스님께 "스님, 제가 먼저 가서 물건을 사 놓으면 스님께서 천천히 돈 가지고 내려오셔서 값을 치르십시오." 하고 장에 가서 재에 쓸 공양물을 흥정했습니다.

한참 후 스님께서는 돈뭉치를 꺼내서 주머니에 넣으시고 장으로 가시는데 그 때 양쪽 다리가 몽땅 끊어 없어진 걸인이 길 가에 엎드려 구걸을 하고 있었습니다. 스님께서는 순간 주머니에서 돈 뭉치를 꺼내서 모두 걸인에게 주고 장으로 걸어가셨습니다.

운암 스님은 외상으로 재물을 사놓고 스님께서 돈 가져 오시기만을 기다리다 스님을 뵙자마자 돈을 달라고 하니 스님께서는 "응, 벌써 재 다 지냈어." 하는 말씀 한 마디만 하시고 다시 절로 향해 가셨습니다.

멍하게 서있는 운암 스님에게 스님을 모시고 오다 돈을 어디에 쓰신 줄 아는 마을 사람들이 운암 스님께 그 내력을 말하니 운암 스님은 기가 막혀서 그냥 그 자리에 주저앉고 말았습니다. 인부 두 명까지 구해서 실어놓은 짐을 이러지도 저러지도 못하고 가게에 있으니 잠시 후 이 소문을 들은 재자집에서 돈을 가지고 와서 재를 성대히 지냈으며, 재자들은 혜월 스님같이 도인스님을 뵙게 되고 또 49재도 스님께서 증명해 주신 점에 대하여 더욱 더 존경과 감사의 예를 올렸다고 합니다.

깊이 생각해보면 혜월 스님께서 지내신 재야말로 가장 지고지순(至高至純)한 순간에 이루어진 멋진 재요, 무주상보시(無住相布施)의 극치입니다. 걸인을 보시는 순간 그 돈이 얼마인지 헤아려 봄도 없이 어떤 돈인지 걸인에게 많다는 생각도 주고도 주었다는 생각도 인사 받을 생각도 없이 바람처럼 지나쳤으니 이 얼마나 멋진 보시이며 재입니까?

범인들로서는 그 누구도 흉내낼 수조차 없는 무애행으로 금강경(金剛經)에 있는 '마땅히 머무르는 바 없이 마음을 내라(應無所住 而生其心)'는 도리를 여실히 보여주신 위대한 가르침이 한 편의 드라마처럼 우리 앞에 펼쳐진 것입니다.

혜월 스님의 도력 앞에서 그 누가 감복하지 않겠습니까만 재자들의 신심도 칭찬할 만합니다. 재를 잘 모시기 위해서는 삼륜(三輪; 주는 자, 받는 자, 시주물)이 모두 청정해야 하는데 이 49재야말로 재자나 스님이나 공양물이 다 청정하여 서로 상견(相見)을 떠나 공적(空寂)한 경지에서 일체 집착을 여의었으니 가장 수승한 공덕을 지었다고 생각합니다.

법구경(法句經)에서 부처님께서 죽음에 대해 이르시되,

"마음의 집중은 죽음을 벗어나는 길
마음이 집중되어 있지 않음은 죽음의 길

바르게 마음이 집중된 사람은 죽지 않는다
마음이 집중되지 못한 사람은 죽은 사람과 같다."

고 하셨습니다.

우리가 영원한 삶을 맞이하기 위한 수행의 방법으로 각종 재일에 갖가지 공덕을 짓는 것이 아니겠습니까? 죽음을 초월하는 길을 모르고 사는 백년의 삶보다 단 하루라도 죽음을 초월하는 진리를 알고 살다가는 것이 바른 삶이라고 생각합니다.

천도의 의미가 생사를 초월하는 것이므로 모름지기 깨달음을 향해가는 깨어있는 순간 순간이 재를 지어가는 것이지 사후의 세계에서 이루어지는 것이 재라는 치우친 생각은 이제 버려야 겠습니다.

끝으로 만공 스님(滿空禪師)께서 파계사 성전암에 계실 때 이르신 영가천도법문을 전하며 오늘 천도재에 드리는 말씀을 거둘까 합니다.

만공 스님께서 이르시되

"업이 가벼운 자는 명이 짧고,
업이 무거운 자는 명이 기니라.

허무한 것이 진실한 몸이어니
인아상(人我相)이 어디에 있을까 보냐
망령된 정령(精靈)을 쉬어 제하지 아니하고

곧바로 반야선(般若船)을 타리라.

虛無眞實體

人我何所有

妄情不休息

卽泛般若船"

나무아미타불

-생명나눔실천회 천도재

야단법석

온통 봄 속에서 봄을 찾아 나서는 어리석은 사람처럼, 꽉찬 보배창고 속에서도
불빛이 없어서 아무 것도 쓰지 못하는 사람처럼 우리의 외로움과 가난과 고통은
내적인 지혜의 부족에서 시작되는 것이 더 많이 있습니다.
우리의 삶에 있어 도(道)를 닦아가지 않는 한 우리는 언제까지나
육적(六賊: 여섯도둑, 눈·귀·코·혀·몸·뜻)의 침입을 받아서
도깨비불처럼 순간적인 쾌락을 쫓으며 살아가게 될 것입니다.

고통을 탁발하러 왔습니다

이른 아침 바람결이 부드럽기에 도량을 거닐다 그간 미처 챙겨 보지 못한 구석진 곳을 찾아가 보니 입춘(立春)이 지난 절기라 그런지 잔설(殘雪)마저 녹아내린 자리엔 어느덧 이름 모를 새싹들이 뾰족뾰족 고개를 내밀고 있었습니다.

앞으로 한동안은 시시때때로 변하는 산색을 생명력에 대한 경이로움 속에서 바라보는 재미로 지내게 될 것 같습니다.

옛 사람들의 "봄이 오니 풀이 저절로 푸르러진다(春來草自青)"는 시구를 읊조리면서….

꽃바람에 펄럭이는 깃발에 바람이 있는 줄 알고 분주하게 돌아다니지 않아도, 뒷뜰에 소리 없이 피어난 매화꽃은 보지 못하고 앞동산으로 매화꽃을 찾아 다니는 분주한 나그네는 아니더라도 봄향기에 흠뻑 젖어 가슴 설렐 날들이 다가오고 있습니다. 산중에 스님들이 해제일을 맞아 가벼운 무명옷 한 벌에도 한없이 감사해하며 길을 떠날 때쯤이면 저도 진묵 스님(震默大師)의 그 웅대(雄大)하고 고준(高峻)한 경지에 풍류시(風流詩)로 흥을 맞추며 떠나게 될 것입니다.

"하늘을 이불삼고 땅으로 자리하고 산으로 베개삼아
구름으로 병풍치고 달빛으로 촛불 삼고
바다로 술통삼아 거연히 크게 취해 일어나 춤을 추니
긴 소매자락이 곤륜산에 걸릴까 걱정이네.
天衾地席山爲枕
雲屛月燭海作樽
據然大醉仍起舞
却嫌長袖掛崑崙

진묵 스님도 우리도 다 같은 세상에 태어나서 똑같이 눈 있고 귀 있고 마음 있고, 예나 지금이나 하늘 땅 산 구름 등 대자연이 그대로 다 변함없이 있는데 어째서 삶 자체에 이렇게 큰 차이가 있는 것인지 깊이 생각해보면 행복이란 역시 도(道)의 깨달음에서 오는 것이 분명합니다.

인간이면 누구나 다 주인이 되어서 행복하게 살아갈 수 있는 대자연은 그대로 버려두고 늘 어리석은 탓으로 애착과 탐욕만 길러서 주인의 자리를 스스로 포기하고 구경꾼과 종의 자리에서 허덕이는 것이 세상 모습입니다.

온통 봄 속에서 봄을 찾아 나서는 어리석은 사람처럼, 꽉찬 보배창고 속에서도 불빛이 없어서 아무 것도 쓰지 못하는 사람처럼 우리의 외로움과 가난과 고통은 내적인 지혜의 부족에서 시작되는 것이 더 많이 있습니다.

때로는 당장 살아가는데 별 문제가 없어도 자신이 가난한 것으로 착각해서 자신의 행복은 저버린 채 남의 행복을 부러워하는 어리석은 인생을 살아가고 있습니다.

우리의 삶에 있어 도(道)를 닦아가지 않는 한 우리는 언제까지나 진묵 스님의 탕탕무애(蕩蕩無碍)하신 멋은 감히 흉내도 내브지 못하고 항상 육적(六賊: 여섯도둑, 눈·귀·코·혀·몸·뜻)의 침입을 받아서 도깨비불처럼 순간적인 쾌락을 쫓으며 살아가게 될 것입니다.

때로는 수행을 한다고 집을 나서서 넓은 세상을 보기 위해 높은 산에 오르기도 하고 넓은 바다로 떠나기도 해보지만, 산마루에서는 해가 빨리 지는 것을 탓하고 바다에서는 파도소리가 시끄럽다고 탓하다 세월만 다 보내고 마니, 수행자가 이렇게 편협스러의서야 어느 때에 도를 깨쳐서 진묵 스님처럼 장삼소매가 곤륜산에 걸릴 것을 걱정하며 해탈무(解脫舞) 추어가며 살아보겠습니까?

마음의 해탈문이 열려야 비로소 청산이나 저자거리나 절이나 여염집이나 일체 구별 없이 모두 편안하고 청정하고 넉넉한 쉴 곳이 되기 때문입니다.

이제 진묵 스님의 시에 대해서는 그만 느낌의 말씀을 거두고 여러 분의 입학식을 축하하러 왔으니 입학축하선물을 소개해드리겠습니다.

우선 제가 말씀드리는 ‘바보 머슴 이야기’부터 잘 들어 주십시오. 그냥 듣는 것은 귀로 듣고 마는 것이고, 잘 듣는 것은 마음에 담아서 깊이 깊이 생각하는 것입니다.

옛날에 지체 높고 재산이 많은 영감집에 바보 머슴이 있었는데 하루는 영감이 다음날 장에 갈 계획을 세우고는 저녁에 바보 머슴을 불러서 "아무개냐! 내일 일찍 장에 가야 되니 그만 일 끝내고 쉬어라." 했답니다. 그러고는 그 다음날 장에 가려고 바보 머슴을 찾으니 다른 머슴이 바보 머슴은 아침 일찍 혼자 장에 가버렸다는 것이었습니다.

화가 난 영감이 저녁 늦게 돌아온 바보 머슴을 보자 짚고 있던 지팡이로 후려지며 "네, 이놈! 너 혼자 장에 가서 뭘 하다가 이제 왔느냐?"고 호통치니 바보 머슴이 하는 말인즉 "영감님! 글쎄 저도 그걸 몰라서 하루 종일 장에서 왔다 갔다 하다가 해는 지고 배는 고프고 그래서 할 수 없이 집으로 돌아왔습니다." 하더라는 것입니다.

영감이 하도 어이가 없어서 손에 있던 지팡이를 바보 머슴에게 주며 "이, 바보 천치야! 이 지팡이를 니 방에 잘 두었다가 혹시라도 너보다 더 바보를 만나거든 그 놈 주거라." 하였습니다.

그 얼마 후 영감이 깊은 병이 들어서 누우니 병문안 온 사람들마다 갈 때에는 한결같이 가족들을 위로하며 "영감님께서 이제 가실 때가 되었나 봅니다. 마음의 준비를 하십시오." 하는 것이었습니다.

바보 머슴이 이 말을 듣고 지난 번 장에 혼자 간 것도 미안하고 해서 이번에는 잘 모시고 갈 생각에 영감을 찾아가 여쭙기를 "영감님, 요즈음 우리집에 오신 손님들께서 모두 영감님께서 곧 가신다고 준비하라는데 도대체 언제 가실지, 어디로 가실지, 무엇하러 가실지, 언제쯤 돌아오시게 될지 알아야 준비하고 따라나설 수 있기에 왔습니다." 하니 영감이 아무리 생각해도 깜깜하기만 해서 "도무지 모르겠다. 혼자 가는 것은 분명한데 언제 갈지, 어디로 갈지, 왜 가야 하는지, 또 언제나 돌아오게 될는지 아무 것도 모르겠다."고 했습니다.

이에 바보 머슴은 영감에게 잠깐 기다려달라고 하고는 제 방의 선반 위에 두었던 지팡이를 영감에게 다시 돌려주며 "영감님! 이제야 이 지팡이 임자를 찾았습니다. 이제 보니 저보다 영감님이 더 바보이시니 지팡이를 다시 가지십시오." 하며 따지기를 "지난 번 장에 갈 때에 저는 바보라도 아침 일찍 갈 줄 알았고, 장으로 갈 줄 알았고, 저녁에 집으로 돌아올 줄 알았는데, 영감님은 하나도 모르니 저보다 훨씬 더 바보가 아닙니까? 그러니 이 지팡이 임자는 영감님입니다" 하고는 지팡이를 영감님 손에 쥐어드리고 나가더라는 것입니다.

자, 이제 제 바랑(鉢囊)에 '바보 머슴표 지팡이' 가 가득 들어 있는데 영감에게 바보 머슴이 여쭙던 그 질문에 답할 수 있는 분은 빼고 나머지 분은 한 개씩 선물로 받아가지십시오. 훗날, 바브 머슴의 물음에 다 답할 때가 되면 이 지팡이를 다른 분께 선물하셔도 됩니다. 공부하러 다닐 때 힘들고 게을러지면 이 지팡이를 짚고 다니십시오.

저는 지금 여러분들께 입학선물을 골고루 드렸는데 여러분들께서도 제 바랑에 넣어 갈 선물을 좀 담아주셔야겠습니다. 주고 받는 것이 다 세상의 인심 아닙니까? 실은 제 취미가 무엇인고 하면 전국 곳곳을 다니면서 이 바랑에 모든 사람들의 근심, 걱정, 슬픔, 번뇌를 모으러 다니는 것입니다. 그러니 여러분들이 가지고 있는 고통을 모두 지금 제 바랑에 집어넣어 주십시오.

제가 갈 때 몽땅 지고 가겠습니다.

"나에게 바랑이 하나 있는데
입도 없고 밑도 없다.
담아도 담아도 넘치지 않고
주어도 주어도 비지 않는다.
我有一鉢囊
無口亦無底
受受而不濫
出出而不空"

나의 이 바랑은 묘하고 무궁무진한 것이어서 온갖 행복이 다 들어 있는데 그 중에서 몇 가지만을 꺼내 보여 드리자면 만족이라는 보물과, 지혜라는 등불과, 반성이라는 거울과, 정진이라는 수레와, 자비라는 옷 등이 있습니다.

이 모든 것을 오늘 법회에 동참하신 인연으로 빠지시는 분 없이 다 골고루 평등하게 나누어 가지시고 이제부터는 저와 함께 모두 큰 소리로,

"나에게 고통은 없다. 지금의 고통은 착각으로 잠시 있다고 느끼는 것뿐이다. 고통은 본래 없는 것이다. 생사가 본래 없듯이…"라고 외쳐봅시다.

올해에는 수행자의 길로 가고자 불교대학에도 입학하셨으니 부디 지혜로운 마음으로 지나간 날의 일에 속지 마시고, 앞으로 올 날에도 공연한 의심과 욕심을 내지 마시고, 온갖 세상일은 다 부질없는 줄 알아서, 오나 가나 한결같은 생활을 지어갑시다.

늘 행복하시길 부처님께 축원합니다. 새해 복 많이 지읍시다.

－불교대학입학식

국토가 불신(佛身)

인생에 있어서 인연보다 중요한 것은 없다고 생각합니다. 인연 있는 때에 인연 있는 곳에서 인연 있는 사람을 만나서 한 업의 무리를 이루어 사는 것입니다. 오늘 이 자리에 군인이라는 동업(同業)으로 모여서 부처님을 모시는 인연으로 수계법석(受戒法席)이 장엄하게 이루어 졌습니다.

군인은 한 겨울 매서운 바람에도 떨지 않는 체력과 한 여름 불길에도 두려워 않는 정신으로 국토를 지키려는 투철한 국가관과 온 국민을 어버이처럼 존경하고 자식처럼 사랑하여 적으로부터 지키려는 강인한 민족관이 있어야 합니다. 때로는 숨이 막힐 것 같은 어려움이 다가오더라도 산과 같은 큰 뜻을 지녀서 흔들리면 안 되고 바다와 같은 넓은 뜻을 지녀서 변해서도 안 됩니다. 군인이란 모름지기 조국애와 민족애로 최선을 다하는 삶을 살아야 합니다.

숭고한 정신과 반듯한 행위를 지어가는 단체가 되기 위하여 규칙과 법률이 있듯이 지혜로운 마음과 자비로운 행동을 이루어가기 위해서는 불제자들에게는 '계'라는 가르침이 있습니다. 계라는 것은 모든 생명들이 더불어 서로 편안하게 살아가기 위한 일종의 덕목(德目)이요, 인행(仁行)을 권하는 좌표와 같습니다. 삶에 있어서 고통의 강을 건너는 뗏목이요, 행복의 세상으로 오르는 사다리인 것입니다.

군인에게 있어서 계의 기본 정신은 국가와 민족을 잘 지키기 위한 한 방편이기에 국가의 안녕을 위배해서는 안 됩니다. 그러므로 오늘 이 자리에서 오계(五戒)를 말씀드리는 것 또한 국가를 잘 지키고 국민을 잘 보호하기 위한 수단과 방법의 의미로써 전개되어 나가는 것이지 결코 군인의 신분을 버리면서까지 계를 지키라고 다짐받자는 것은 아닙니다.

계라는 것은 지눌 스님(佛日智照國師)의 말씀처럼 잘 지키고 파(破)하고 열고 닫을 줄 알아야 합니다. 예를 들어 그 쓰임이 손의 쓰임의 원리와 같아서 잡을 때는 잡고 놓을 때엔 놓아야 하며 문의 쓰임과 같아서 닫을 때는 닫고 열 때는 열 줄 알아야 됩니다. 문이라는 것은 열고 닫기 위해서 있는 것이니 늘 닫아 놓을 바엔 그냥 벽으로 둘 것이요, 늘 열어놓을 바에는 뚫어놓으면 그만인 것을 편리하자고 문을 달아놓는 것처럼 계도 수행의 문처럼 잘 열고 닫을 줄 알아야 공부에 진전이 있습니다.

이런 의미에서 오늘 받으실 계는 군인의 길을 가는 데 인생의 길을 가는 데 있어서 목마를 때에는 청정수가 될 것이요, 길을 헤매일 때는 나침반이 될 것이요, 병이 들었을 때는 약방문이 될 것이요, 가문 날에는 식량이 될 것입니다.

참다운 수계자는 대자비(大慈悲)의 실천을 위해서 계를 지키려고 노력하는 자세를 가져야 하는데 대자는 일체 중생에게 즐거움을 주는 것이요, 대비는 일체 중생의 고통을 여의게 하는 것을 말하는 것이니, 군인의 신분으로 어떻게 하는 것이 자비의 실천행인지 늘 깊이 생각한 연후에 행동으로 옮기시기 바랍니다.

행동의 근원은 모두 마음에서 나오는 것이기 때문입니다.

법구경(法句經)에 부처님께서 이르시기를,

　　"악한 마음이 어디에서 생기느냐.
　　바로 너의 마음에서 생긴다.
　　선한 마음이 어디에서 생기느냐?
　　바로 너의 마음에서 생긴다.
　　지옥을 누가 만드느냐?
　　바로 너의 마음에서 생긴다.
　　극락을 누가 만드느냐?
　　바로 너의 마음에서 생긴다."

라고 부처님께서 말씀하셨습니다.

계란 선한 마음으로 살아가며 선업을 쌓기 위해서 지켜가는 것이니 마음을 선하게 잘 지키면 계도 또한 잘 지키는 것이요, 늘 극락세계에 사는 것처럼 행복하게 잘 살 수 있습니다. 계를 지키는 정신으로 무장되어서 늘 마음을 선하게 가지면 일체가 다 잘 풀리고 화합도 절로 되고 몸은 건강해지고 정신은 맑아지는 공덕이 옵니다.

하지만 마음을 악하게 먹으면 아무리 단단한 무쇠도 제 몸에서 스스로 녹이 생겨서 삭아져 없어지듯이 자신의 몸과 정신도 병들고 화합도 깨지고, 군인이 병이 들면 국가의 안보도 무너지고 국가의 안보가 무너지면 국민의 평화와 안정이 사라지게 되는 것이니 한 사람이 악한 마음을 일으키면 결국에 가서는 국가의 질서와 국민의 행복이 무너지는 불행한 결과를 가져오게 됩니다.

처음에는 조그맣게 피어난 녹이 큰 무쇠덩어리를 다 삭게 해서 없애는 것처럼 마음 속에 있는 악의 존재의 병폐를 말씀드렸으니 이제부터는 생각을 좀 바꾸어서 국가를 무너뜨리는 것이 적군에게만 있다는 생각으로만 조국을 지키려고 하지 말고 적군보다 더 무서운 마음속의 악을 지켜서 물리쳐야 한다는 각오로 전쟁에 나갈 때 무기를 잘 챙기듯이 순간 순간에 계율을 잘 챙겨서 악한 마음은 무너뜨리고 선한 마음을 잘 지켜나가야 하겠습니다.

돌이켜 보면 이 지구상에 분단의 아픔을 안고 살아가는 유일한 나라가 우리의 조국입니다. 참으로 통탄할 일이요, 가슴 저미는 일입니다. 아직도 우리에겐 전쟁의 상처와 공포가 남아있는 가운데 평화통일을 열망하면서도 온 국민의 바람대로 통일의 길이 환히 보이지 않으며, 군복무의 의무도 없어지지 않는 현실 속에 살아가고 있습니다.

현재의 상황은 휴전(休戰)의 상태이지 종전(終戰)의 상태도 아닌지라 이런 시점에서 국가가 태평하고 국민이 안락한 가운데 발전을 하기 위해서는 범국가적으로 도덕적인 삶을 영위하는 방향을 제시하고 실천해가야 합니다.

부처님 당시에 강대국인 마가다국의 아사세왕이 주변의 작은 밧지국을 침략하려고 계획을 세우고 부처님께 뜻을 여쭙기 위해서 우사라는 대신을 보냈습니다. 우사의 설명을 들으신 부처님께서는 우사를 옆에 앉혀 놓고 아난 스님(阿難尊者)에게 다음과 같은 일곱 가지의 질문을 하셨고 이에 대해 아난 스님이 대답하였습니다.

"질문의 첫째는, 밧지국 사람들은 요즈음도 서로 모여서 올바른 일을 의논하고 서로 회의를 자주하고 있느냐?

둘째는 밧지국 사람들은 임금과 신하가 화목하고 순응하여 상하 관계에 있어서 서로 존경하는 사회로 되어 있느냐?

셋째는 밧지국 사람들은 과거의 전통적인 법도를 잘 알고 예의를 존중하며 어긋남이 없느냐?

넷째는 밧지국 사람들은 부모에게 효도하고 어른을 공경하는가?

다섯째는 밧지국 사람들은 전통적인 종묘(宗廟)를 잘 받들고 조상에게 공경을 다하느냐?

여섯째는 밧지국 사람들은 여인들이 추한 행동을 않고 말씨가 정직하고 순결하느냐?

일곱째는 밧지국 사람들은 스님들을 잘 받들고 종교지도자들을 존경하는 일에 게으름이 없느냐?"라고 부처님께서 질문하셨습니다.

이에 아난 스님이 공손히 진실되게 부처님의 질문에 대해 "예, 예" 하면서 밧지국 사람들이 모두 잘 실천하고 있음을 말씀드리니 부처님께서는 "밧지국 사람들이 이와 같이 살고 있다면 그 나라 국민은 더욱 화목할 것이요, 그 국가는 길이 안녕하며 그 누구도 침범할 수 없을 것이다."라고 말씀하셨습니다.

부처님의 곁에서 겸손히 듣고 있던 현명한 우사는 곧 돌아가 아사세왕을 설득시켜서 밧지국과의 전쟁을 미리 막았습니다. 그럼 지금 우리나라의 현실은 어떠합니까? 밧지국과 같이 일곱 가지를 다 지키지는 못한다고 하더라도 어느 한 가지도 제대로 지켜지고 있는 것이 있는가 묻고 싶습니다.

인간이 서로 모여 삶의 터전으로 국가를 이루고 그 국가를 중심으로 인간들이 서로 만나서 국민을 이루고 사는 이상 국민 한 사람 한 사람이 바로 국가의 주춧돌이며 근본이며 중심이며 기둥인데 사람이 사람의 도리를 하지 않는다면 이보다 큰 적이 또 어디에 있겠습니까? 사람의 도리를 지켜나가는 것이 바로 국가를 지켜 가는 것이라 국가의 안보는 모든 국민의 삶에 따르는 것이라 생각합니다.

유가(儒家)에서도 "수신제가치국평천하(修身齊家治國平天下; 마음과 행실을 바르게 하도록 먼저 자신을 닦고 가정을 닦고 국가와 천하를 다스린다)"라는 말이 있지 않습니까?

우리나라는 예로부터 호국불교(護國佛敎)의 전통이 지켜져 온 나라입니다. 부처님께서 당신의 조국 카필라국에 코살라국의 군대가 쳐들어가자 그 길목에서 뙤약볕 아래 앉아계시어 지켜주신 것처럼 신라시대의 원광 스님(圓光法師), 의상 스님(義相大師), 원효 스님(元曉大師)을 비롯하여 임진왜란 시에는 서산 스님(西山大師), 영규 스님(靈圭大師), 사명 스님(四溟大師) 등이 나서주셨고, 일제의 강점기에는 만해 스님(卍海禪師), 용성 스님(龍城大師), 만공 스님(滿空禪師) 등 이루 다 헤아릴 수 없는 스님들께서 심신을 다하여 국가와 민족을 위하여 살다가 가셨습니다.

이처럼 스님들께서 신심과 도력으로 수많은 승려들을 이끌고 국가를 지키고 민족을 보호한 것은 국토가 곧 부처님의 몸이라는 믿음이 있었기 때문입니다. 스님들께서는 이 국토를 지키는 것이 부처님 나라를 지키는 것이요, 부처님의 가르침을 지키는 것이요, 정토세계를 지키는 것이요, 중생을 지키는 것이라고 확신하고 면밀히 호국불교정신을 오늘에까지 이어오신 것입니다.

세계적인 문화유산인 해인사 고려대장경(高麗大藏經) 역시 외적의 침입 중에 국가와 민족을 지키기 위해서 이루어진 불사이며 각종 팔관회(八關會)와 수륙재(水陸齋)를 국가 차원에서 봉행한 것 또한 이러한 정신에서 이루어진 행사입니다.

오늘 우리가 서로 부처님의 가피에 힘입어 뜻깊고 좋은 인연이 되어서 호국불교의 한 마당에 서게 되었으니 부디 호국경의 대표적인 인왕호국반야바라밀경(仁王護國般若波羅蜜經)의 말씀에 따라 지혜를 부지런히 닦고 지켜서 안으로는 우리 마음 속의 번뇌를 제거하여 이 국토를 살기 좋은 극락세계로 만들고, 밖으로는 국가의 재난 즉 전쟁, 내란, 질병으로부터 국토와 국민을 보호하는 데 심혈을 기울여야 합니다.

대승보살은 세속을 초월한 지혜나 세속 속에 묻혀 살아있는 번뇌가 둘이 아님을 스스로 알아서 적절히 방편으로 중생을 제도하시는 이시니 호국불교의 이 땅을 어찌 저버리겠습니까?

부처님의 제자로 거듭 확고히 태어나는 수계법회에 동참하신 여러분들께서는 부디 호국불교의 정신을 이어받고 오늘의 조국이 건재하는 데 힘이 되어왔던 부처님의 가르침을 더욱 열심히 공부하시기 바랍니다. 호국불교의 상징인 대한민국 군인정신으로 군복무에 최선을 다하시길 바라며 부처님의 가호 가피와 화엄성중님의 절대적인 용맹스런 힘이 여러분들과 함께 하시길 부처님전에 향 사르고 축원 올립니다.

신심이 강한 불자는 나라에 충성하고 부모에 효도하고 이웃에게 봉사하는 불자로 자라납니다. 자랑스런 대한의 공군이 됩시다.

- 공군교육사령부 수계식

마음 운전사

　벚꽃이 만개한 길을 따라 전국에서 덕숭산으로 모여서 법륜(法輪)을 가슴에 달고 수련대회에 동참하신 회원 여러분을 진심으로 환영합니다.

　수련대회라는 것은 대중이 함께 모여서 정신적·학문적·기술적으로 보다 향상된 미래를 위하여 심신(心身)을 닦아서 단련시키는 것을 말합니다. 오늘 제가 본 회의 총재로서 드릴 말씀은 참다운 불자의 정신으로 보살행을 실천하는 삶을 지어가시길 바라며, 교통사고율 세계 제 1의 부끄러운 우리나라 교통문화를 자비심을 근본으로 하여 여유와 배려와 양보가 넘치는 인간 존중의 교통문화로 새롭게 정착해가도록 선도해 나아가는 데 주역이 되자는 것입니다.

　교통문화의 창달을 위해서 선구자적 이념과 수행자적인 실천으로 아름다운 교통문화를 이루어내야 하겠습니다. 자리이타(自利利他; 자신도 이롭고 남도 이로움)의 대승보살정신으로 대중교통문화를 이끌어 간다면 언제 어디서나 '달리는 법당 거리의 포교사'의 의무를 잘 실천하게 될 것입니다.

　이 자리에 동참하신 회원 한 분 한 분이 지혜로운 마음으로 얽히고 설킨 도로 위에서 먼저 모범적으로 질서를 지키고 관용을 베풀 때 그 자리에 한 송이 향기로운 연꽃이 피어 점차 불국정토(佛國淨土)가 이루어질 것입니다.

우리가 직업상으로 볼 때 자동차나 배, 비행기 등을 운전하는 사람은 운전사라고 하는데 이는 반복된 기술로 물질을 운전하는 운전사이고 정신적으로 보면 인간은 누구나 다 운전사입니다. 즉 마음의 운전사, 업의 운전사, 운명의 운전사인 것입니다.

태어나는 순간부터 인생의 길을 가야 하는 존재로서 행복한 길이든 불행한 길이든, 선한 동반자를 만나든 악한 동반자를 만나든 누구나 다 똑같이 자신의 앞날을 위해 운전을 해야 하는 존재인 것입니다.

우리가 자동차 운전을 할 때에 정확한 지도를 가지고 나서면 목적지에 잘 도착할 수 있듯이 인생 길을 갈 때도 바른 가르침에 의지하여 신심을 확고히 하여 계·정·혜(戒·定·慧) 삼학을 잘 지키고 닦아 나아가며 모든 생명과 함께 더불어 살아갈 때 성불이라는 궁극의 목적을 달성할 수 있음을 말씀드리며, 그에 대한 한 가지 방편으로 팔정도(八正道)를 설명드리고자 합니다.

옛말에 "길이 아니면 가지 말라."는 말이 있습니다. 자동차 운전에도 찻길이 있고, 배 운전에도 뱃길이 있듯이 도를 닦는 수행자에게도 가는 길이 있으니 그 정도가 바로 팔정도입니다.

대반열반경(大般涅槃經)에 부처님께서 이르시기를, "불자로서 열반의 경지, 이상의 경지에 도달하려면 8가지 바른 길이 있으니 그 가르침이 팔정도인데 팔성도(八聖道)라고도 하니 삿된 것을 여의므로 정(正; 바름)이라 하며 성자의 도이므로 성(聖)이라 한다."라고 하셨습니다.

그럼 팔정도는 무엇인가 하면 첫째는 정견(正見)으로 올바르게 사제(四諦)의 도리를 보는 것인데 사제란 고(苦; 현실의 인생은 苦라고 관하는 것), 집(集; 고의 원인은 번뇌인데 애욕과 업을 말하는 것), 멸(滅; 깨달음의 목표, 이상의 열반), 도(道; 열반에 이르는 방법)입니다.

즉 인간은 사바세계에 태어나 사고(四苦; 생·노·병·사)와 팔고(八苦; 四苦에 사랑하는 사람과 이별하는 고통, 증오하는 사람과 만나는 고통, 구하는 것을 얻을 수 없는 고통, 오온이 생기는 고통을 더한 것) 속에서 허덕이는데 그 고통의 근본은 스스로 일으킨 애욕과 애착에서 생긴 것이므로 결과적으로 열반에 이르기 위해서는 깨달음을 목표로 부지런히 애욕과 그로부터 생긴 어리석음을 없애야 한다는 것입니다.

둘째는 정사유(正思惟)로 올바르게 사성제의 도리를 마음 속에 깊이 생각하는 것입니다. 셋째는 정어(正語)로 올바르게 말하는 것입니다. 넷째는 정업(正業)으로 올바르게 행동하는 것입니다. 다섯째는 정명(正命)으로 삼업(三業; 몸·입·뜻)을 청정하게 하며 올바른 이법(理法)에 따라 생활하는 것입니다. 여섯째는 정정진(正精進)으로 깨달음을 향해 도(道)에 힘쓰는 것입니다. 일곱째는 정념(正念)으로 항상 정도(正道)를 생각하고 삿된 생각(邪心)이 없는 것입니다. 여덟째는 정정(正定)으로 미혹(迷惑)이 없는 청정한 깨달음의 경지에 들어가는 것입니다.

다시 한번 말씀드리자면 정도를 깨달으신 인천(人天)의 스승이신 부처님을 의지하여서 부처님의 바른 가르침으로 세상을 보고 생각하고 실천해서 바른 깨달음을 얻는 것이 팔정도입니다.

이상에서 말씀드린 팔정도로써 인생의 고통에서 범부로 헤매이다 고통 속에서 가느냐, 아니면 성인으로서 밝게 바르게 기쁨 속에서 생사를 초월하느냐 하는 문제는 결국 마음의 운전에 달려 있는 것입니다. 복 없고 어리석은 사람은 평생을 노력해도 진리와 계합되지 않는 것은 처음부터 바른 길을 알지도 듣지도 못해서 동을 서로 알고, 산을 들로 알고, 강을 바다로 알고 가기 때문에 일생을 가고도 목적지를 등지고 마는 결과를 맞이하는 것입니다.

원각경(圓覺經)에 보면 "고기는 물을 보지 못하고 사람은 바람을 보지 못하고 미(迷)하면 성품을 보지 못하고 깨치면 공(空)을 보지 못하느니라."하는 말씀이 있습니다. 우리는 항상 똑같은 눈을 가지고 똑같은 것을 보아도 모든 것은 업이라는 안경을 통해서 보는 것이지 그냥 눈으로 보는 것이 아닙니다.

그러므로 팔정도로 업을 닦지 않는다면 언제까지나 어리석은 존재로 밤을 낮이라 하고, 눈 가운데에 티끌이 들어간 줄 모르고 허공에 꽃이 피었다고 우기고, 자동차가 가는 것을 산이 간다고 우기고 멀쩡한 달이 쫓아온다고 우기고, 사대(四大; 지ㆍ수ㆍ화ㆍ풍)가 자신의 몸이라고 우기게 되어 있습니다.

이러한 어리석음을 벗어버리기 위해서는 오직 팔정도를 마음의 운전에 기본으로 삼아야 합니다. 우리가 운전을 잘 하려면 길눈이 밝아야 하듯이 마음의 운전도 잘 하려면 지혜의 눈이 밝아야 합니다. 그 지혜의 눈이 바로 팔정도의 주춧돌인 정견인 것입니다. 자기 자신을 바로 보는 것에서부터 일체를 바로 볼 수 있는 안목을 열어주는 것이 바로 팔정도입니다.

이제 본 대회에 동참하신 회원님들이 자동차 운전에는 모두 달인(達人)인 것처럼 마음의 운전에도 도인(道人)이 되기 위해서 순간순간 숨 한번 들이쉬고 내쉴 때도 팔정도를 생각하며 팔정도에 맞게 하겠다는 각오를 이 자리에서 새롭게 다짐하여야겠습니다.

끝으로 총재로서 바람이 있다면 우리가 처음 교통의 도시 대전 광제사(구, 중앙불교회관)에서 창립할 때 '강원에서 제주까지'를 1차 목표로 해서 지금 강원도 원주시에서 제주도 제주시까지 15개 지회가 창립되어 이렇게 단합을 겸한 수련대회를 하게 되었는데 이제는 2차 목표로 '한라에서 백두까지'를 원을 세우고 내실을 기하면서도 통일 한국에 희망을 걸고 평화통일의 서원을 세워서 본 회를 발전시켜 나가기를 기원합니다.

호국애민(護國愛民)의 전통을 지닌 우리나라의 불교정신을 본받아 이 시대를 보다 바르고 행복하게 가꾸어 나가는 데 앞장서며 늘 부처님 전에 기도하며 팔정도를 닦아가는 불자로서 자동차 운전도 최고, 마음 운전도 최고인 멋진 운전사가 되시길 바랍니다. 자동차 운전도 장애 없이, 마음 운전도 장애 없이, 찻길에서도 인생길에서도 즐거운 운전이 되시길 기원합니다. 길은 늘 다니는 자를 위해서 준비되어 있으니 자 모두 멋지게 한번 나아가 봅시다.

- 한국운전기사불자연합회 수련대회

생명 나눔의 실천

부처님께서 범망경(梵網經)에 이르시기를 "만일 불자가 일체 병인(病人)을 보거든 항상 공양하되 부처님께 하듯 할 것이니 여덟 복전 가운데 병든 이를 간호하는 것이 제일 복전이 되느니라. 만일 부모나 스승이나 스님이나 제자가 병이 들어 팔다리가 온전하지 못하고 여러 가지 병으로 고뇌하거든 이를 다 공양하여 낫게 해야 하느니라(不看病苦戒)."라고 하셨습니다.

참고로 팔복전(八福田)에 대하여 말씀드리자면, 첫째는 삼보(불·법·승)를 공경하는 것이요, 둘째는 부모에게 효도하는 것이요, 셋째는 병든 사람을 도와주는 것이요, 넷째는 가난한 사람을 구제하는 것이요, 다섯째는 길 옆에 샘물을 파서 대중에게 베푸는 것이요, 여섯째는 개울에 다리를 놓아서 사람들이 편하게 건너게 하는 것이요, 일곱째는 험한 길을 고르게 닦아 다른 사람들이 잘 다니도록 해주는 것이요, 여덟째는 법회를 열어서 차별없이 법문을 듣게 하는 것입니다.

우리 나라는 대승불교(大乘佛敎)를 숭상하는 바로서 보살계를 잘 지켜 나가는 불자들은 예로부터 간병의 공덕을 많이 지어왔습니다. 90년대 초 세계는 현대의학의 꽃이라고 일컫는 장기이식술(臟

器移植術)이 획기적으로 발전하여 인간의 병고와 생명에 새로운 희망이 비추기 시작하였습니다.

우리 교계에서도 장기기증단체를 설립하여 그 이름을 생명공양실천본부(生命供養實踐本部)라 칭하고 대중의 뜻을 받들어 여러 모로 부족한 제가 이사장 소임을 맞고 그 뜻을 같이하는 몇 분의 스님들과 신도님들이 중심이 되어 여러 해를 지내오면서 오늘날에는 교계를 대표하는 사단법인 생명나눔실천회로 명칭을 바꾸어 거듭 태어났습니다.

돌이켜보면 '장기기증'이라는 말 자체도 사람들에게 쉽게 받아들여지지 않았던 초창기에 몇 분 안 되는 스님들과 신도님들이 전국의 승가대학과 선원을 낱낱이 찾아다니면서 회원가입을 권하며 헌혈 및 장기기증 서약을 받고 기부금을 모으러 다니던 일과 젊은 계층이 모이는 각종 단체와 법회를 찾아다니던 일들이 생각납니다.

재정을 확보하기 위해서 대법회, 음악회 등을 열었고 그럴 때마다 격려하여 주시고 도와주시던 분들이 있었기에 오늘의 본 회가 있다고 생각합니다. 이제는 장기기증에 대한 사회적 관심이 높아져서 그 활동의 영역에도 변화가 왔으니 전문적인 면으로 방향을 돌려 학술회와 출판 수련회를 통해서 홍보하여 사람들의 인식을 높였고, 전국지회도 설립되었고, 재정적으로도 많이 탄탄해져서 영세 환자를 위한 수술비 지원 및 장기이식에 대한 업무대행은 물론 자원봉사자들의 확충으로 무료간병 및 대국민을 상대로 한 재난구호 활동도 활발히 실행하여가고 있습니다.

근래에는 국토가 묘지로 잠식되어 가는 심각한 상황에서 장묘문화(葬墓文化)를 화장문화(火葬文化)로 이끌어 가는 데도 앞장을 서고 있습니다. 이 모든 공덕이 회원 여러분들의 선행으로 이루어진 아름다운 보배탑이라고 말씀드리고 싶습니다. 이 탑은 처음에 단순히 장기기증본부로 시작해서 이제는 모든 중생이 병고로부터 해탈하여 건강한 몸으로 정진하게 하며, 편안한 임종과 사후 화장을 통한 인간 삶 전체를 위해서 존재하는 보배탑으로 발전된 것입니다.

이상으로 본 회의 발전 상황과 회원님들께 인사의 말씀을 거두고 간병의 공덕에 대하여 현장 스님(玄奘法師)의 일화를 말씀드리겠습니다.

우리에게는 손오공이 나오는 서유기(西遊記)의 주인공으로 유명한 현장 스님께서는 인도에 가서 범본(梵本)을 배워서 대반야경(大般若經) 등 조국(중국)에 없는 반야부경전을 구하여 번역하겠다는 원을 세우시고 제자 40명과 중앙아시아와 사막을 거쳐 인도로 가시던 중 계빈국에 다다르자 오직 스님 혼자 살아 남게 되었습니다.

하루는 스님께서 폐허가 다 된 고찰에서 묵게 되었는데 방에서 신음소리가 나서 가보시니 문둥병을 심하게 앓고 계신 노비구가 계셨습니다.

현장 스님께서 홀로 계신 사연을 여쭈니 노비구께서는 "이 절에는 본래 대중스님들이 많이 계셨는데 내가 문둥병을 앓게 되자 한 스님 두 스님 모두 다 떠나시고 병든 저만 남았습니다."라고 하셨습니다.

현장 스님께서는 목숨을 건 구법(求法)의 길에 나서긴 했지만 병이 깊으신 노비구를 외면하고 떠날 수는 없다는 생각에 오직 빠른 회복을 기원하며 입으로 상처의 고름을 일일이 빨아내면서 정성껏 간병을 하셨습니다. 얼마 후 노비구는 문둥병이 완쾌되시자 현장 스님에게 감사의 뜻으로 범본 반야심경(般若心經) 한 권을 선물하셨는데 훗날 이 경을 노비구께서 주셨다 하여 신승전수범본심경(神僧傳授梵本心經)이라고도 합니다.

현장 스님은 노비구와 헤어진 후 액난이 있을 때마다 반야심경을 외워 난을 이겨나가는 가피를 입으시게 되는데 한 예로 인도 항하(恒河; 갠지즈 강)를 통과할 무렵에 생긴 일을 말씀드리겠습니다.

현장 스님께서 강 가에 다다르니 그 곳 사람들이 떼를 지어서 스님을 줄로 묶어서 옥에 가두었습니다. 스님께서는 너무도 억울해서 사람들에게 "아무 잘못도 없는 나를 왜 이렇게 결박하고 가두는가?" 하고 호통을 치셨습니다.

그러자 그 곳 사람들은 동정 어린 눈치로 "항하의 제물로 바치려고 하오."라고 대답하면서 설명하기를 "이 곳 항하의 수신(水神)에게 해마다 제사를 올리며 제물로 사람을 한 명씩 바치는데 마침 오늘이 그 날이고 우리 생각에 같은 마을 사람을 강에 빠뜨려 죽이는 것보다는 모르는 외국인을 죽이는 것이 다행스럽게 여겨져서 스님에게는 안 된 일이지만 이렇게 했습니다."라고 했습니다.

현장 스님은 지난날을 생각해 보니 구사일생(九死一生)으로 이곳 인도 땅까지 와서 범본 경전 한 권도 구해보지 못하고 목적지를 눈앞에 두고 물에 빠져 죽게 되는 신세가 된 것이 기가 막혔습니다. 그렇듯 어쩔 수 없는 신세가 된지라 죽음을 앞두고 마을 사람들에게 사정해서 시간을 조금 얻어 계빈국 노비구에게 배운 반야심경을 큰 소리로 외웠습니다.

그런데 스님이 반야심경을 외우자 갑자기 먹구름이 하늘을 덮고 천지가 흔들리며 회오리 바람이 불어와 물이 뒤집히고 모래가 수십 리 이상 치솟아 오르고 천둥과 번개가 사납게 치는 것이었습니다. 이에 깜짝 놀란 사람들이 얼른 현장 스님을 풀어드리고 용서를 빌었습니다.

반야심경을 간절히 외운 공덕으로 현장 스님은 다시 자유의 몸이 되어서 무사히 나란타 대학에 도착하여 범본 경전을 연구하시고 고국으로 돌아와서 평생을 역경사업에 바치셨습니다. 스님께서는 제일 먼저 반야심경을 번역하시어 널리 전하셨으며 일체 반야부 경전을 더욱 소중히 하셨습니다.

그런데 신비한 사연은 현장 스님께서 귀국길에 계빈국 노비구에게 인사를 드리려고 일부러 찾아가셨는데 불과 몇 년 사이에 절이 있었던 그 자리도 흔적이 없고 노비구의 행방도 찾을 길이 없었습니다. 훗날 현장 스님께서는 그 때를 회상하시며 "그 때 계빈국에서 만난 노비구는 관세음보살님이셨다고 생각한다."라고 말씀하셨습니다.

우리 나라에는 고려 중기에 보조 스님(普照國師)께서 계초심학인문(誡初心學人文)을 지으셨는데 이 글에서 간병에 대하여 이르시기를 "병든 사람이 있거든 마땅히 자비로운 마음으로 지켜주고 간호하라."고 하셨습니다.

율섭(律攝)에는 "만일 병인이 극빈하여 약을 쓸 도리가 없다면 스승과 선배들이 재물을 베풀어서 치료하거나 그렇지 않으면 신도 등에게 구하든지 사중(寺中)의 재물을 팔아서 병인을 간호하라."고까지 간절히 이르셨습니다.

만일 병인을 보고도 구호하지 않으면 자심(慈心)을 잃어서 자비하고 공경하는 두 가지 복전(悲恭二田)을 잃는 것이며 혹 자신에게 병고가 있어도 간호인이 없는 과보를 만나게 되니 늘 싫어함 없이 간병의 공덕을 지어야 합니다.

제일의 복전을 일구는 간병에 대하여 당의 현수 스님(賢首法師)께서는 "보살은 대비(大悲)로써 체(體)를 삼고 중생의 괴로움을 없애주는 것으로 용(用)을 삼는데 어찌 병을 보고 구제하지 않을 수 있겠는가!"라고 말씀하셨습니다.

우리 중생의 몸이라는 것이 사대(四大)가 거짓으로 뭉쳐진 것이기에 늘 크고 작은 병이 따르는 것은 당연한 이치이므로 수행에 있어서 중요한 것은 이 병고를 나와 남에 구별 없이 어떻게 이겨내는가에 따라서 보다 큰 지혜와 복덕을 성취할 수 있는 것입니다.

자신의 병고는 탐욕을 제하는 약으로 받아들이고 이 몸이 허망함을 관하여 정진할 것이며, 남의 병고는 복의 씨앗을 가꿀 수 있는 기회로 삼아 정성껏 간호해야겠습니다.

대승경전(大乘經典)인 법화경의 약왕보살본사품(藥王菩薩本事品)에 보면 과거세에 유리광소여래(琉璃光昭如來)가 계셨습니다. 여래께서 멸도 후 일장 스님(日藏比丘)께서 출현하시어 여러 대중에게 대승의 평등대혜(平等大慧)를 설하셨습니다.

그 때 성수광 장자가 아우와 함께 설법을 듣고 기쁜 마음으로 과

실과 좋은 약으로 스님과 대중에게 공양을 바치고 대보리심(大菩提心)을 발하였는데, 그 장자가 지금의 약왕보살님이시며 그 아우는 약상보살님이시니 약왕보살님께서는 항상 대비(大悲)의 약으로 일체 중생의 혹업(惑業)을 치료하시고 즐거움을 주시는 데 자재를 얻으셨다고 합니다.

오늘 장기기증에 동참하신 분들과 뜻을 같이 하시어 그간 다방면의 사업에 후원을 아끼지 않으신 분들께 다시금 머리 숙여 감사 드리며 끝으로 다 같이 약사여래부처님의 서원을 봉독하시겠습니다.

"일체 중생으로 하여금 온갖 병을 다 없애고 신심이 안락하여 위없는 깨달음을 이룩하겠습니다.(除一切衆生病令身心安樂證得無上菩提之願)"

나무 약사유리광여래불

－생명나눔실천회 자원 홍보요원 연수회

화장 서약서

인간의 삶에 있어서 관습(慣習)과 문화는 개인의 힘으로 한 순간에 고치기 어려운 문제로 때로는 법률(法律)보다 더 가까운 곳에서 커다란 힘으로 사회를 지배합니다. 그러나 관습이라는 것이 꼭 진리를 깨달은 분들에 의해 옳고 그른 것이 판단되어 만들어진 것이 아니라 그 시대와 지역의 환경과 사상에 의해 이루어진 경향이 짙으므로 보다 향상된 미래를 위해서는 바람직한 방향으로 개선되어야 한다고 생각합니다.

인간은 누구나 다 이 세상에 태어나면 흐르는 물처럼 관혼상제(冠婚喪祭)의 의식을 거치게 되어 있습니다. 그런데 이러한 의식을 접할 때마다 우리 모두는 너무 개인의 삶과 업적에 집착하지 말고 인생이라는 것이 영겁(永劫)의 세월 속에서 잠깐 다녀간다는 사실을 깨달아서 되도록 욕망에서 벗어나서 남에게 피해주지 말고 스스로 만족해하며 멋지게 살고 감사하게 받아들이고 조용히 후회 없이 떠났으면 하는 바람을 가지게 됩니다.

특히 상제의식(喪祭儀式)에 있어서는 승속(僧俗)에 상관없이 망인(亡人)의 생전의 신념이나 종교적 이상보다는 상주(喪主)의 사회적 위치에 따른 여건에 맞추게 되는데 상주 또한 개인적 의지보다

"

는 보편적인 사회관습을 따르게 되어 있습니다. 우리가 사후에 자신의 바람을 보다 분명히 밝히기 위해서는 여러 사람 앞에 발표하고 문서화할 필요가 있다고 생각합니다.

오늘 우리가 화장 서약서(火葬誓約書)를 대중과 함께 작성하고 사회운동으로 확대시켜나가는 것 또한 사후에 우리의 몸이 꼭 화장법으로 진행되기를 바라며 또한 우리나라의 장묘문화(葬墓文化)가 화장이 중심이 되기를 바라는 마음을 만천하에 명백히 밝히고자 함입니다.

제가 생명나눔실천회 이사장의 소임을 맞고 있다 보니 우리 불교에서 보다 적극적으로 국민에게 화장법을 소개해야 한다는 생각이 들어서 본회의 회원을 중심으로 서약서를 작성했습니다.

우리 나라 사람이라면 누구나 한 번쯤은 묘지에 잠식되어가는 국토를 걱정하셨을 겁니다. 그 많은 묘지 중에 무연고(無緣故) 묘지가 40%로 흉물스럽게 방치되어 가고 있습니다. 인구 밀도가 높은 우리나라 현실에서 해마다 여의도 넓이의 땅이 묘지화되는 것을 온 국민이 깊이 인식해야 할 때가 이미 지났습니다. 이제부터라도 국토의 보존과 관리를 위해서 미래의 자손들을 위해서 보다 효율적으로 이 문제를 풀어가는 노력이 있어야겠습니다.

화장문화에 대하여 세계적으로 살펴볼 때 불교의 영향권인 일본이 99%, 태국이 90%의 화장률로 높은 편이며 유럽의 스위스 67%, 영국 60%, 스웨덴 65%로 나타나 있어 화장문화는 지역과 종교에 차별 없이 이루어지고 있다고 말씀드릴 수 있습니다. 그러므로 화장문화는 불교적 입장에서만 권장하는 것이 아니요, 전

국민을 위한 사회적 운동으로 폭넓게 해석되어야 한다고 생각합니다.

더욱이 5천년의 역사를 지닌 우리나라는 각양각색의 장례법들이 시대의 변천에 따라서 실행되다가 오늘날에 이르렀으니 온 국민의 인식의 전환이 없이는 장묘문화에 획기적인 변화가 어렵습니다. 그러므로 불교인들이 먼저 화장에 앞서 주시기를 바랍니다.

사바세계의 교주이신 석가모니 부처님께서는 열반에 드신 후 법신(法身)을 스스로 허공에 올리시어 허공 중에서 화광삼매(火光三昧)를 발하시어 다비(茶毘)를 이루시니 그로 인해서 8가마 4말의 사리를 우리에게 남겨주셨고 지금도 세계 곳곳에 사리를 모신 탑이 보존되어서 불자들의 신앙심을 자라나게 하고 계십니다.

석가모니 부처님 이후 헤아릴 수 없이 많은 스님들께서도 다비(茶毘)의 전통을 계승하고 실천하였으며 그 과정에서 범인으로서는 따를 수 없는 이적(異蹟) 또한 많이 있었습니다.

제가 전등록(傳燈錄)을 보니 조사스님들께서 임종시에 스스로 몸에서 빛을 내시어 다비하시는 기록이 많이 있습니다. 그분들 중 오늘 몇 분에 대해서만 간단히 말씀드리겠습니다.

제 5조 제다가 스님(提多迦尊者)께서는 몸을 허공으로 솟구치시어 열여덟 가지의 변화를 지으시고 난 후에 화광삼매로 스스로 몸을 태우셨고 제 6조 미차가 스님(彌遮迦尊者)께서는 방광삼매(放光三昧)로 스스로 몸을 태우셨고, 제 10조 협 스님(脇尊者), 제 13조 가비마라 스님(迦毗摩羅尊者), 제 18조 가야사다 스님(伽耶舍多尊者), 제 25조 바사다사 스님(婆舍斯多尊者), 제 27조 반야다라 스님

(般若多羅尊者) 등 그 후에도 많은 스님들께서 삼매의 불(三昧火)로 스스로 몸을 거두어 가셨습니다.

특별히 수장(水葬; 수중 중생에게 육신을 보시하는 행)이나 임장(林葬; 숲 속의 중생에게 육신을 보시하는 행) 천장(遷葬; 조류에게 육신을 보시하는 행)을 하신 분들을 제외하고는 거의 화장으로 적멸에 드셨습니다.

수행력이 부족한 일반인들의 화장이 성현들께서 스스로 몸에서 빛을 내어서 다비하는 것과는 많은 차이가 있기는 하지만 법신이나 육신을 깨끗이 마무리하여서 사리와 재로 이 세상의 마지막 형상으로 남긴다는 점은 같다고 생각합니다. 우리가 성현을 믿고 따르는 것은 어느 한 부분만 따르는 것이 아니요, 몸과 마음을 다 바쳐서 따르는 것이니 불자님들께서는 특히 화장에 임하여 줄 것을 당부 말씀 드립니다.

제가 며칠 전에도 강남의 모 사찰에서 설법을 하고 화장 서약서를 보여드리며 동참을 권하고 도량에 잠시 서 있으니 평생을 절에 다니셨다는 노보살님께서 가만히 다가오시어 하시는 말씀이 "스님의 말씀을 들으니 저도 화장을 하고 싶은데 혹시 뜨겁지 않을까요? 또 화장을 하면 두 번 죽는다고 하던데 사실인가요, 아닌가요?" 하는 것이었습니다.

저는 그 순간 우리 교단의 교육 현실을 절감하면서 높은 장벽을 마주하는 것 같은 느낌이 들었습니다. 실로 배우지 못한 이 노보살님보다 정성껏 가르치지 않은 우리 스님들의 책임이 크다고 생각하면서 "노보살님, 고기나 생선을 불에 구워서 잡수어 보셨지요?

그 때 고기와 죽은 생선이 뜨겁다면서 저절로 뒤집히는 것 보았습니까?" 하니 노보살님께서는 "아이고 그렇네요. 스님 공연히 걱정했습니다." 하시더군요.

그래도 한마디 더 해주어야겠다는 생각이 들어, "시신을 땅에 묻으면 시신이 안 썩어서 다시 살아나옵니까?" 하니 "죽으면 썩기 마련이지요." 하시기에 제가 "땅 속에서 썩는 것은 괜찮고 불에 타는 것만 두 번씩 죽는다는 것은 억지입니다." 하면서 "죽은 사람이 불이 뜨거운 줄 알아서 싫어한다면 땅 속에 묻혀도 갑갑하고 흙이 무겁다고 느끼고 꺼내 달라고 해야 옳습니다. 육신이란 영혼이 떠나면 주인 떠난 빈 집과 같아서 언제고 무너지게 되어 있습니다."라고 설명드렸습니다.

그제서야 그 노보살께서는 "스님, 그럼 저도 서약서에 도장 찍겠습니다." 하시면서 숙제를 다 마친 어린아이처럼 밝고 가벼운 모습으로 법당으로 가셨습니다.

우리의 지금 모습은 영혼과 육신이 함께 붙어있기에 손 끝의 가시가 큰 고통이지 영혼이 떠나고 나면 가슴의 창도 아무 고통이 없습니다. 저는 이와 같은 진리를 알기에 사후에 장기기증도 권할 수 있는 겁니다. 그러므로 임종을 맞으신 분은 평생 만물의 은혜로 지탱한 이 몸을 좋은 데 베풀고 공덕 짓고 흔적을 남기지 않고 가는 것이 가장 숭고한 길이라고 생각합니다.

우리가 내세의 먼 길을 가는 것은 생전에 지은 업에 따라 영혼이 가는 것이지 육신이 가는 것이 아니지 않습니까? 인생은 다 공수래공수거(空手來空手去: 빈 손으로 왔다가 빈 손으로 간다는 뜻)의 원리를 벗어나지 못하니 제행무상(諸行無常; 우주의 만물은 항상 변하여 잠시도 한 모양으로 머무르지 않는다는 뜻)을 깨달아서 자신에 대한 애착도 끊고 후대도 위하는 마음으로 화장을 택하시기 바랍니다.

사람은 누구나 살아서고 죽어서고 마음이 넓은 사람이 세상을 넓게 누비게 되는 것이지 땅을 넓게 차지했다고 넓게 사는 것이 아니요, 생전에 선한 업을 잘 지어서 영혼이 좋은 천상세계에 나야 사후에 좋은 세계에 있는 것이지 묘지가 아무리 호화롭게 꾸며진 곳에 묻힌다고 해도 그것이 사후에 좋은 세계에 있는 것이 아닙니다.

다시금 당부의 말씀을 드리니 아직 용기가 안 나서 화장 서약서를 작성하지 못하신 분들께서는 제가 지금까지 드린 말씀을 참고하시어 부디 무량한 공덕을 지을 수 있는 화장문화의 정착을 위하여 동참하여 주시기 바랍니다.

나무 아미타불

-화장서약운동 지원 홍보요원 법회

위정자의 보살행

저 푸른 산은 붓 한번 대지 않았어도 얼마나 아름다운 그림이며, 흐르는 계곡 물은 악기 하나 더하지 않아도 얼마나 아름다운 음악입니까? 대자연의 천연(天然)스러운 경계가 그대로 멋의 극치요, 우리의 본래 성품입니다.

이 아름다움 속에서 대부분의 사람들은 집착, 애착, 아집으로 찌든 중생병(衆生病) 때문에 본연의 멋을 누리지 못하고 스스로 욕망의 덫을 만들어 놓고 스스로 걸려들어서 고통스럽게 살아가고 있습니다. 자신의 생각과 행동만이 옳다고 여기는 독선 때문에 시작도 끝도 없는 고통의 가시덩굴 속을 헤매는 삶을 살아가고 있으며 고통의 삶 속에서도 고통의 근본과 자신의 존재, 존재의 실상에 대해서는 고뇌하지 않고 눈병은 고치지 않고 허공의 꽃만 탓하는 삶을 살아가고 있는 겁니다.

자신 속에 내재된 지혜의 불꽃과 덕성의 향기를 개발하려는 노력은 등한시하면서 오직 나라와 민족을 위한다는 명분 아래 남 앞에 서서 대중을 이끌어 가려고만 하는 오만한 생각은 장님이 길잡이를 하려고 하는 것처럼 위태롭고 무모하기 짝이 없는 짓입니다.

저는 오늘 이 자리를 누가 설하고, 누가 듣고, 누가 가르치고, 누가 배우는 자리가 아니라 함께 생각하고, 함께 의논하고, 함께 고쳐 가는 자리를 만들어가고 싶기에 이런 말씀을 드립니다. 세상이 아무리 급하게 변화된다고 자신을 잃고 남의 정신에 놀아나며 나 자신을 찾아가는 기쁨보다는 오욕(五欲; 재물욕, 이성욕, 음식욕, 명예욕, 수면욕)을 찾아서 채워가는 기쁨에만 빠져서야 되겠습니까? 나의 삶이 오욕의 불을 찾아다니다 오욕에 휩싸이는 불나방과 같은 존재가 되어서야 되겠습니까?

세계가 청정하고 국토가 청정하려면 우선 우리 각자의 마음이 청정해져야 하고 세계인이 편하고 국민이 편하기 위해서도 우선 우리 각자의 마음이 편안해져야 합니다. 나 자신은 불결하고 불안하면서 남을 청정 편안하게 해줄 수는 없는 법입니다.

청록의 계절에 당(黨)의 지도부에 계신 거사님들께서 제가 머물고 있는 산중까지 몇 번씩 찾아오셔서서 "어떻게 해야 나라가 안정되고 국민이 잘 살게 되며 신뢰받는 정당이 될 수 있는지 당 지도부 연수회에 꼭 오셔서 좋은 말씀을 해주시면 감사하겠습니다."라고 하시기에 몇 번이나 정중히 사양하였습니다.

그러나 너무 저의 단문천식(短文淺識)한 것만 내세워 초청에 응하지 않는 것도 세상의 인정과 도리에 어긋나는 것 같아서 오늘에서야 만나뵙게 되었습니다만, 저는 정치학 분야에는 배운 바도 아는 바도 없는지라 개인의 자격으로는 별로 드릴 말씀이 없고, 단지 출가 승려로서 부처님법에 의지하여 본생경(本生經)에서 올바른 왕이 되는 길에 대하여 시왕법(十王法)을 설하신 말씀을 전할까 합니다.

오늘날의 위정자는 예전의 왕처럼 절대적인 권한을 가진 위치는 아니지만 여러 사람이 그 역할을 분담하여 나라와 국민을 부강하고 편안하게 발전시키려는 목적은 같으므로 이제부터 말씀드리는 왕에 대한 가르침을 위정자에 대한 가르침으로 받아들여도 무난하리라 생각합니다.

시왕법에서 왕이 행할 열 가지란,

"첫째는 보시(布施)이니 왕은 재물에 대한 욕망을 버리고 국민을 위해 한없이 베풀어야 한다는 것이며,

둘째는 지계(持戒)이니 왕은 스스로 오계(五戒; 살생하지 말 것, 도둑질하지 말 것, 성에 관해서 문란하지 말 것, 거짓말하지 말 것, 술을 마시지 말 것)를 지켜 선업을 쌓고 지혜를 닦아 자비롭고 청정한 존재로서 국민의 존경받는 지도자가 되어야 한다는 것이며,

셋째는 영사(永捨)이니 왕은 국민의 행복과 안락을 위해 개인적인 향락과 권력을 떠나고 때로는 생명까지 버릴 수 있는 희생의 마음을 가져야 한다는 것이며,

넷째는 정직(正直)이니 왕은 국민을 속이지 않으며 소신을 가지고 의무를 당당히 수행하며 자신의 업적을 진실하게 이야기한다는 것이며,

다섯째는 유화(柔和)이니 왕은 항상 친절하고 온화하며 부드러운 태도로 국민을 대하여야 한다는 것이며,

여섯째는 고행(苦行)이니 왕은 스스로 선업(善業)을 지으며 악업(惡業)을 짓지 않기 위해서 행하기 어려운 이타행(利他行)을 실천해야 한다는 것이며,

일곱째는 무분(無忿)이니 왕은 국민 모두에게 차별 없이 분한 마음을 가져서는 안 된다는 것이며,

여덟째는 무해(無害)이니 왕은 국민을 해쳐서는 안 되며 국민이 재난과 재해를 당하지 않게 국민을 지킨다는 것이며,

아홉째는 인욕(忍辱)이니 왕은 참기 어려운 신체적 정신적 고통을 능히 참아내야 한다는 것이며,

열째는 불상위(不相違)니 왕은 국민의 뜻을 거슬리지 말아야 하며 항상 국민의 화합을 주도하고 민의(民意)에 의하여 법률을 제정해야 한다는 것입니다.”

사람에 따라서는 실천이 불가능할 것 같은 아득함을 느낄 수도 있는 가르침이지만 국민을 위해서 살아가야 한다는 확고한 신념과 확실한 의지만 있다면 우선 힘이 되는 대로 실천하기 쉬운 가르침부터 차례로 실천하다 보면 언젠가는 모두 다 이루어서 온 국민에게 존경받고 역사에 길이 빛나는 위대한 위정자가 되리라 생각합니다.

민주주의의 이상은 평등한 인권이지만 현실적으로는 그렇지 못한 부분이 많다고 보면 권력도 재물도 없이 살아가는 힘 없는 개인 한 사람의 잘못된 생각과 행동은 그 개인의 삶과 좁은 영역에 피해를 주지만 힘있는 사람의 잘못된 생각과 행동은 개인의 삶은 물론 그 힘이 미치는 넓은 영역만큼 넓은 분야에 피해를 주어서 그 병폐가 실로 큽니다.

힘이란 결국 세상을 살리는 양약도 될 수 있지만 세상을 죽이는 독약도 되는 것입니다. 인간사에 있어서 권력이라는 것도 칼과 같

아서 가진 자에 따라서 의사의 칼처럼 생명을 살릴 수도 있고, 강도의 칼처럼 생명을 죽일 수도 있으니 세상의 법을 만들고 집행하는 자리에 있는 위정자들은 오직 스스로 피나는 수행을 하여야만 그 결과 모든 국민들이 잘 살 수 있는 정치를 실현할 수 있는 것이니 그러므로 정치를 잘한다는 것은 쉬운 일이 아닌 듯합니다.

위대한 위정자의 삶이라는 것은 성인 군자의 삶과 같이 남을 위한 숭고한 정신을 실천하는 삶이니 존경받는 위정자가 되는 것이 그 얼마나 어렵겠습니까? 그야말로 진흙 속에서 연꽃이 피는 것처럼 희유한 일입니다.

저 중국 역사에 최고의 성군으로 뽑히는 순치황제(順治皇帝)라는 분이 18년을 황제로 지내다 출가를 하면서 지은 시가 있는데 일부를 소개하자면

"곳곳이 총림(叢林; 승려들이 수행하는 곳)이요,
쌓인 것이 밥이어니
대장부 어데 간들 밥 세 그릇 걱정하랴.
황금과 백옥만이 귀한 줄을 아지 마소.
가사(袈裟; 승복) 얻어 입기 무엇보다 어려워라.

이 내 몸 중원천하(中原天下) 황제노릇 하건마는
나라와 백성 걱정 마음 항상 괴로워
인간의 백년살이 삼만 육천 날이
승가(僧家)의 한가로운 반 나절에 미칠손가.

(중략)

18년 지내간 일 자유라곤 없었도다.

강산을 뺏으려고 몇 번이나 싸웠더냐

내 이제 손을 털고 산 속으로 돌아가니

만 가지 근심걱정 관여할 바 없도다."

라는 내용이 있습니다.

중원을 호령하던 황제조차도 늘 자신의 삶보다 백성의 삶을 걱정해야 했던 고통과 고뇌의 연속이었기에 훗날 출가하여 물긷고 나무하고 마당을 쓸면서도 즐거워했다고 합니다.

비단 옷에 황금관을 쓰고 산해진미 진수성찬(山海珍味 珍羞盛饌)을 근심에 싸여서 먹기보다는 모든 것을 놓아버리고 거친 나물밥에 만족하면서 깨달음을 향해 도를 닦으며 생을 마쳤으니 초지일관(初志一貫) 나라와 국민을 위하여 자신의 모든 것을 바치며 산다는 것은 참으로 대단한 것이라 생각됩니다.

때로는 칼끝에 발라진 꿀을 혀로 핥는 것과 같이 자신의 부와 명예만을 탐하는 위정자의 참담한 모습도 접하게 되지만 그래도 대부분의 위정자는 자리이타(自利利他)의 정신으로 대승보살(大乘菩薩)의 삶을 실천하려고 노력하는 모습으로 살아가고 있다고 봅니다.

이왕에 위정자의 길을 가려면 신뢰받는 공인이 되어서 그 뜻을 펼치기 바랍니다. 오늘날 정부에서는 사회 전반적인 개혁을 주도하며 언론에는 계속 제도개혁, 정치개혁, 교육개혁 등을 외치지만 그

성과에 대하여 국민들의 평가는 천차만별입니다. 정부와 국민이 서로 믿지 못하는 상태에서는 위정자의 뜻이 아무리 훌륭해도 제도가 아무리 뛰어나도 그 결실을 맺기가 어렵습니다.

"이것이 있으므로 저것이 있다"는 연기법(緣起法)을 깨달아 서로의 공존을 인정할 때 대립과 마찰은 사라지고 화합의 장이 열릴 것입니다.

신라시대 문무왕이 성을 쌓느라 백성들이 고통을 받을 때 의상스님께서 왕에게 직언하시길 "왕의 다스림이 밝으면 비록 풀 언덕에다 땅금을 긋고서 성으로 삼아도 백성은 이를 넘지 아니할 것이요, 왕의 다스림이 밝지 못하면 아무리 장성을 쌓더라도 재앙은 그치지 않을 것입니다."라고 하셨습니다.

백성들은 우산이 필요한 사정인데 왕은 부채를 나눠줄 연구를 한다면 이 얼마나 어리석은 짓입니까? 그러므로 위정자는 각자 지혜로워지기 위해서 항상 노력해야겠습니다.

끝으로 이 자리를 통해서 꼭 드리고 싶은 말씀은 지금 대다수의 국민들에게 필요한 것은 위정자들을 신뢰하는 마음이 회복되어야 하는데 현실적으로 잘 안 되어지고 있습니다. 그러다 보니 아무리 대의명분(大義名分)이 있는 정책이 세워져도 믿지 않으므로 실천하지 않고 실천하지 않으므로 좋은 결과가 생기지 않게 되어 있습니다. 위정자들은 시급히 국민들로부터 신뢰를 회복(信賴回復)할 수 있도록 스스로 모범을 보여야 한다고 생각합니다.

자신의 병은 자신들이 더 잘 알고 알면 고칠 수 있습니다. 부디 국민들이 믿고 희망을 걸 수 있는 정당으로 발전하시길 부처님 전

에 축원해 올리겠습니다. 바른 정치 속에 국민의 행복이 보장되기
때문입니다.

-정당 지도부연수회

여성의 미덕

세상에 어떤 아름다운 꽃보다 여성의 미소는 더 신비롭게 아름답고 세상에 어떤 향기로운 향보다 여성의 부드러운 언어는 우리 곁에 더욱 진하게 남습니다.

여성 자신이 수행을 잘해서 자비로운 성품으로 지키는 가정은 항상 웃음꽃이 만발하고 가족들이 편안한 마음으로 행복하게 살게 될 것이며, 지혜로운 여성이 사회의 지도자로서 그 역할을 하게 될 때 우리 사회는 더욱 윤택하고 믿음이 있는 평화로운 사회가 이룩될 것입니다.

오늘날 국가경제가 여러 모로 어려움에 봉착되자 군(郡)에서 여성대회 및 경제 살리기 실천대법회의 장을 마련한 것도 경제난국을 헤쳐나가는 데는 누구보다도 우선 여성들의 각오와 신념이 우선되어야 한다는 것에 대해 군민들의 생각이 모여진 것이라 생각합니다.

국가 경제의 기본이 개인과 가정에서 비롯되므로 가정 경제의 주도자인 대다수의 여성에 따라 국가 경제가 좌우된다는 것은 아무리 주장해도 지나치지 않기 때문인 것입니다. 가정의 행복을 위해서는 우선 아내가 알뜰한 살림살이를 해야 한다는 것이 초기경

전인 아함경(阿含經)에도 나와 있습니다.

아함경을 통해 말씀드리자면, 부처님께서 아내가 남편에게 해야할 도리로 첫째는 가사를 잘 돌보며, 둘째는 다정하게 대하고, 셋째는 성실해야 하며, 넷째는 낭비하지 말아야 하고, 다섯째는 모든 일을 익숙하게 관리해야 한다고 하셨습니다.

부처님 당시에 스님들께서는 옷(가사) 한 벌을 가지고 어떻게 고쳐 입으셨느냐 하면 헌 옷으로는, 웃옷을 만들고, 낡은 웃옷으로는 속옷을 만들고, 낡은 속옷으로는 요를 만들고, 낡은 요로는 깔개를 만들고, 낡은 깔개로는 발 닦는 수건을 만들고, 낡은 발 닦는 수건은 잘게 썰어 흙에 섞어서 벽을 바르거나 앉을 자리를 만들었습니다. 지금도 올곧은 승려들은 시주물을 아끼는 정신으로 근검 절약을 미덕으로 삼고 정진합니다.

한 가정을 장애 없이 건사하고, 또는 장애가 와도 잘 이겨내기 위해서는 주부가 항상 준비를 하면서 살림을 하여야 하는데 분야에 따라서 어떻게 배분해야 할지에 대해서도 부처님께서 말씀하신 바가 있습니다.

부처님 당시에 사업을 하려고 하는 '시가알라' 라는 청년이 부처님께 수입을 어떻게 해야 하는지 여쭈었고, 부처님께서 시가알라에게 방법을 제시해주셨는데 오늘날에도 귀담아 듣고 실천한다면 매우 유익한 부처님 말씀이기에 이 자리에서 말씀드리고자 합니다.

사업자는 수입의 4분의 1은 운영비로 쓰고 4분의 2는 사업에 투자하며, 나머지 4분의 1은 유사시를 대비하여 저축을 하라고 말씀하셨습니다. 가정 경제를 운영하는 주부님들께서는 꼭 기억하셔서 실천하시길 바랍니다.

지금 우리 나라는 총체적으로 경제위기에 봉착하여 국가의 경제가 제대로 운영되지 않고 있으니 여성들이 앞장서서 이제부터라도 계획적이고 발전적인 국가의 경제를 이끌어 가시기 바랍니다. 또 여성들이 가정경제를 운영해 감에 있어서 어려울 때일수록 베푸는 마음을 내어서 복의 씨앗이 잘 자랄 수 있도록 하였으면 합니다.

세상에 "우환이 도둑이다"라는 말과 "베푸는 집에는 우환이 담을 넘지 못한다"는 말이 있습니다. 깊이 생각해보면 진정한 부자가 되는 길은 벌고 아끼는 데만 있는 것이 아니라 베푸는 데에도 있습니다. "선을 이기는 악은 없다"고 덕을 쌓다 보면 복락이 점점 늘어나게 될 것입니다.

우리의 주위에 있는 어려운 분들에게 물질적으로나 정신적으로 도움을 주어서 모든 사람이 희망을 가지고 살아갈 수 있는 국가를 만들어 가야겠습니다. 지금 당장엔 어려워도 미래에 대한 희망과 신념이 있는 사회는 평온하게 발전될 수 있지만 희망이 없는 사회는 절망의 어둠 속에서 혼란과 부패로 무너지기 때문입니다.

그러므로 가진 자가 없는 자에게 베푸는 것은 함께 살아가는 지혜라고 생각합니다. 만 가지 복의 열매가 맺게 되는 보시(베풂)라는 씨앗이 자꾸 뿌려져야 합니다.

부처님 당시에 목건련 스님과 핀돌라 스님께서 구두쇠로 소문난 난다 여인을 제도하시기 위해서 직접 그 집에 가신 적이 있었습니다. 때는 마침 점심이었는데 마당에 서 계신 스님들께 난다 여인은 공연히 화를 내며 "여기서는 아예 음식을 얻어갈 생각을 마시오."

하고는 점심을 차려 스님들은 외면한 채 자기 식구들과 함께 식사를 하였습니다.

그러나 스님들께서 끝까지 서 계시자 마지못해 거지에게 동냥하듯이 공양을 조금 드리니 스님들께서 "여인이여! 나는 음식을 얻기 위해서 온 것이 아니오. 부처님의 설법을 들려주기 위해서 온 것이오."라고 하시며 음식은 거들떠보지도 않았습니다.

난다 여인이 무슨 설법인지 궁금해서 여쭈니 스님께서는 '부자가 되는 법'이라 하셨습니다. 부자가 되고 싶은 난다 여인이 가르침을 청하자 핀돌라 스님께서는 "욕심으로 가득 찬 나머지 남에게 동정할 줄도 모르고 베풀 줄도 모르는 이 불쌍한 여인이여! 여인의 마음을 열어주지 않으면 여인은 인색함의 결과로 많은 재산을 잃고 고통을 받게 되므로 설법하리니 여인이 내게 바친 음식을 보라."라고 하셨습니다.

스님의 말씀을 듣고 난다 여인이 음식을 보니 불꽃에 타고 있는 것으로 보여서 깜짝 놀라 어찌할 줄을 모르고 떨고 서 있자 핀돌라 스님께서 이르시길 "여인이여! 그대의 마음 속에 있는 탐욕이 바로 이 음식의 불꽃과 같느니라. 이 탐욕의 불을 끄지 않는다면 음식에 붙은 불꽃이 그대 몸과 마음을 태워 재가 되게 할 것이니,

탐욕이 많은 여인이여!
베푸는 마음을 지녀라.
자신이 가장 잘났다고 생각하는 여인이여!
겸손한 마음을 지녀라.

성내는 마음이 많은 여인이여!
항상 참아야 한다는 생각을 마음에 간직하라
게으름이 많은 여인이여!
항상 마음과 행동을 갈고 닦아라
마음이 어지러운 여인이여!
항상 고요히 선정(禪定)에 들어야 한다
어리석은 여인이여!
그 마음에 지혜의 등불을 밝혀야 한다.”

라고 하시니 난다 여인은 진심으로 참회의 눈물을 흘리며 새롭게
태어나 스님의 가르침을 잘 받들었습니다.

제 생각으로 작은 재물이야 근검 절약하고 성실하게 노력하면
어느 정도는 목적한 만큼 모을 수 있지만 큰 재물은 전생부터 선업
을 많이 쌓아야 하고 조상이 덕을 베풀고 본인이 평소 복을 짓고 성
실하게 노력하며 정당하게 부를 축적해야 모아지는 것이라 말씀드
리고 싶습니다.

어려서부터 어머니로부터 “작은 부자는 손끝이 만들고 큰 부자
는 하늘이 만든다”는 말씀을 듣고 자랐는데 지금 그 말씀을 생각해
보면 손끝은 부지런하고 알뜰하게 살면서도 마음은 항상 후덕하게
쓰면서 이웃을 챙기며 함께 살아가라는 가르침이라 느낍니다.

우리 민족은 예로부터 정이 많고 부지런하기가 세계 제일의 민
족인 만큼 지금 비록 처참한 환경에 있지만 온 국민, 특히 여성들이
행주대첩에서 행주치마에 돌을 날라서 나라를 지켰던 정신으로 다

시 일어서서 국가경영에 앞장선다면 지금의 경제난국을 몇 년 내에 타파하게 될 것입니다. 부디 좌절하지 마시고 인내심을 가지고 불굴(不屈)의 정신으로 최선을 다하는 여성이 되시길 바라마지 않습니다.

끝으로 이 난국을 헤쳐나감에 무엇보다도 가정을 지켜나가는 인내가 필요하므로 우리 고장에서 태어나신 만해 한용운(卍海 韓龍雲) 스님께서 일제 강점기에 불교신문에 쓰신 '인내(忍耐)'라는 글의 일부분만을 소개하면서 이만 산승은 걸망을 챙겨서 다시 산으로 가려 하니 오늘까지 걱정 근심은 산으로 가는 제 걸망에 다 넣어주시고 가벼운 마음으로 가정으로 돌아가시기 바랍니다.

만해 스님께서 말씀하시길

"인내라는 것은 참기 어려운 것, 혹은 참을 수 없는 것을 참는 것이니 그러고 보면 인내는 고통이다. (중략)
고통을 인내하지 못하는 유자비부(孺子鄙夫)야
어찌 감히 대사의 성공을 말하리오.
경작의 노(勞)를 인내치 못하는 농부가
어찌 수확을 기(期)하며
형설(螢雪)의 고(苦)를 인내치 못하는
사인(士人)이 어찌 학문을 대성하며
참담경영(慘憺經營) 혈혈한한(血血汗汗)을
인내치 못하는 기인(其人)이 어찌 국가 사회를
위하는 성공을 바라리오."

하셨으니 고난의 이 시대에 다시금 그 가르침을 되새기며 경제난
국을 지혜롭게 헤쳐나갑시다.

- 군 여성대회

반야동산에서

오늘날 참선(參禪)을 한다는 수행자를 만나면 승속(僧俗)에 관계없이 대체로 고요한 산사에 집착하는 병이 있습니다. 시끄럽고 복잡하고 바쁜 곳에서 생활하다가 적막한 산사에 들어가면 처음엔 누구나 이내 고요 속에 빠져들어 공부가 절로 되는 듯하지만 그 고요함을 이겨내지 못하고 너무 집착하다 보면 자신도 모르게 게을러지고 잠 속에 빠져들게 됩니다.

때로는 사람에 따라서 도를 향한 용맹심마저도 슬그머니 녹아내려서 심신이 무기력해지는 병에 걸려 들기도 합니다. 참선의 길에서 공부의 힘을 얻는 데는 모름지기 화두에 의심을 일으키는 데 있는 것이지 고요함 속에서 버티는 것에 있는 것이 아니니 시끄럽다거나 고요하다는 분별을 떠나서 자나깨나 눈 밝고 사나운 고양이가 쥐를 잡을 때에 네 다리를 딱 벌리고 두 눈을 부릅뜨고 쥐를 노려보듯이 오직 의심을 놓치지 않아야 합니다.

마음이 온통 의심으로만 가득 찬 때가 오면 머리를 들어도 천장이 없고 머리를 숙여도 바닥이 없고 떠들고 시비하고 부딪치는 천 사람 만 사람 가운데 있어도 아무도 없는 것과 같으니 복잡한 학교 안이라고 해서 정진에 장애가 생기는 것은 아닙니다.

참선의 만 가지 병의 근원이 화두에 대한 의심을 놓치는 데서 일어나는 것이므로 벽에서 들어오는 바람은 벽에 난 구멍을 통해서만 안으로 들어올 수 있는 것과 다름이 없습니다.

유마경(維摩經)에 보면 "비록 세속인으로 있으나 사문(沙門; 승려)의 계율을 어기지 않으며 비록 가정에 거처하나 세상에 집착하지 않으며, 처자를 거느리나 종교적인 생활을 하며 매음가(賣淫街)에 들어가서는 욕정의 과오(過誤)를 보이며, 술집에서 술을 마시면서도 자신의 의지를 잃지 않는다. 그리하여 장자 중에 있을 때는 장자의 존장이 되어 그들을 교화하고 서민들과 있을 때에는 그들 중의 존장이 되어 그들을 인도한다. 이와 같이 무량한 방편으로 중생을 요익케 한다."라는 말씀이 있습니다.

이 가르침을 각자 깊이 새기고 공연히 신분과 처지, 환경에 분별심을 내지 말고 불경(佛經)과 조사어록을 좀 접했다고 문자에 매달리지 말고 참선해서 도를 통하려고 뜻을 한번 세웠으면 화살이 시위를 떠난 것처럼 뜻을 되돌리지 말고 오직 화두에만 간절한 마음으로 의심해 들어가야 합니다.

선법(禪法)은 노력하면 노력하는 만큼 이루어지는 공부이니 믿음을 가지고 정진하면 분명히 힘을 얻어서 큰 산에 들어간 호랑이가 될 것이요, 믿음이 부족하면 바람 앞에 등불처럼 위태롭게 될 것입니다.

부처님 말씀에 "삼계(三戒; 욕계, 색계, 무색계)가 화택(火宅)이라" 하여 우리가 사는 이 세상이 불난 집과 같다고 하셨는데 이 마당에 어디가 고요하다고 고요한 곳을 찾을 것이며 또 찾아가면 고요한

들 얼마나 고요하겠습니까? 우리가 장소를 탓하며 정진에 게을리 하는 것은 다 제대로 발심(發心)을 못했거나 도심(道心)이 약해서 안으로 중심이 바로 서지 못하니까 바깥 경계를 따라다닌다고 생각합니다.

대혜 스님(大慧禪師)께서도 "오랜 세월을 참선했든 먼저 깨쳤든 참으로 고요한 경지에 도달하려면 모름지기 생사심(生死心)을 깨뜨려서 집착하지 말아야 한다. 참선 공부는 반드시 생사심을 깨부숴야 하며 생사심이 깨지면 저절로 고요해진다."라고 하셨으니 진실한 고요함이란 자신의 안으로부터 얻는 것이지 바깥으로부터 얻는 것이 아니니 세속에서 살더라도 도심(道心)을 잃지 말고 부지런히 정진하면 고요 속에 살 수 있습니다.

학교 속이라고 답답해할 것도 없고 드나드는 대중을 번잡하다 하여 싫어할 것도 없고 한 마음만 잘 챙겨야지 고요하고 청정한 곳에 마음을 빼앗기면 빼앗길수록 도리어 도를 막는 것이니 도인들의 초탈한 삶을 본받아 걸림이 없어야겠습니다.

혜능 스님(慧能禪師)의 말씀 중에 참선의 여러 방법 중에 좌선(坐禪)에 대한 요긴한 가르침이 있어서 이 자리에서 다시 새겨보면 스님께서 대중에게 이르시기를 "선지식아! 어떤 것을 좌선이라 하느냐? 이 법 안에는 걸림도 없고 막힘도 없다. 밖으로 모든 선악의 경계를 만나도 마음이 일어나지 않는 것을 좌(坐)라 하며 안으로 자성(自性)이 동요함이 없음을 보는 것이 선(禪)이다. 또 어떤 것을 선정(禪定)이라 하느냐? 밖으로 형상(形相)을 떠나게 되면 선이 되고, 안으로 혼란스러움이 없는 것이 정(定)이다."라고 하셨습니다.

좌선이란 마음으로부터 진정한 좌(坐)를 터득해야지 사대육신만을 좌했다고 완성이 아님을 철저히 알아서 실참법(實參法)으로 정진하여야겠습니다. 또 실참을 하기 위해서는 예로부터 세 가지 요건이 필요하다 하였으니 큰 신심(大信心)과 큰 분발심(大憤心)과 큰 의심(大疑心)을 갖추어야 합니다. 이 세 마음을 지니고 나서 화두를 참구하되 어미 닭이 알을 품고 있을 때 더운 기운을 지속하듯 주릴 때 밥 생각하고 목마를 때 물 생각하듯 간절하게 탐구하여야 합니다.

오직 화두만 챙기며 정진할 뿐 다른 생각으로 헤아리지도 말고 깨닫기를 기다리지도 말아야 합니다. 정진을 하다 보면 누구누구 할 것 없이 과정 과정에 큰 산을 넘어가듯 넓은 강을 건너가듯 성난 바다를 헤쳐가듯이 장애도 많이 생기는데 성현의 가르침에 의해서 그 병을 미리 알고 묵묵히 나아가면 먼 길에 길잡이를 만난 듯 어둠 속에 불빛을 만난 듯 도움이 되는 것이니 이에 대하여 몇 가지만 말씀드리겠습니다.

화두를 타파하는 것은 분별로 헤아리는 것도 아니고, 이론으로 알아맞히는 것도 아니고, 경문(經文)으로 근거를 삼는 것도 아니고, 있고 없는 데 떨어지는 것도 아니고, 조급하게 깨치는 데만 매달려서도 안 되고, 가만히 고요한 곳에만 앉아있는 것만으로 되는 것이 아니니 앞서 말씀드린 대로 의심만 정밀하게 점검하며 밀고 나가야 합니다.

저는 개인적으로 행자시절을 수덕사에서 보내면서 경허 스님(鏡虛禪師)의 법문곡(法門曲)을 읽으며 큰 감동을 받아서 오늘날까지

240

가끔 읊조리는데 오늘 이 법회를 마무리하면서 풍송조로 한번 외워 보려 합니다.

"나도 조년(早年) 입산하여 지금까지 궁구했네
깊이 깊이 공부하여 다시 의심 영절(永絶)하니
어둔 길에 불 만난 듯 주린 사람 밥 만난 듯
목마른 이 물 만난 듯 중병 들어 앓는 사람 명의를 만난 듯
상쾌하고 좋을시고
이 법문을 전파하여 사람 사람 성불하여
생사윤회 면하기를 우인지우(又人知又) 타인지락(他人知樂)
이 내 말씀 자세 듣소
사람이라 하는 것이 몸뚱이는 송장이요
허황한 빈 껍질이 그 속에 한낱 부처 분명히 있는구나
보고 듣고 앉고 서고 밥도 먹고 똥도 누고
언어수작 때로 하고 희로애락 분명하다
그 마음을 알게 되면 진즉 부처 이것이니 찾는 법을 일러보세
누우나 서나, 밥 먹으나, 자나깨나, 움직이나,
똥을 누나, 오줌 누나, 웃을 때나 골낼 때나
일체 처(處) 일체 시(時)에 항상 깊이 의심하여 궁구하되
이것이 무엇인고 어떻게 생겼는고
시시때때 의심하여 의문을 놓지 말고
염념불망(念念不忘)하여 가면 마음은 점점 맑고
의심은 점점 깊어 상속부단(相續不斷)할 지경에

홀연히 깨달으면 천진면목(天眞面目) 좋은 부처 완연히 내게
있다.
살도 죽도 않는 물건 완연히 이것이다."

젊음이 넘치는 이 도량이 항상 불법(佛法)이 충만한 영산회상
(靈山會相)이 되고 반야(般若) 동산이 되어서 부처님의 탄생처가 되
시길 기원합니다.

-동국대학교 법회

끝없는 행원

보현신상여허공(普賢身相如虛空: 보현보살님의 몸은 허공과 같아서)
의진이주비국토(依眞而住非國土: 국토에 매이지 않고 머무르시며)
수제중생심소욕(隨諸衆生心所欲: 모든 중생의 마음의 원을 따라서)
시현보신등일체(示現普身等一切: 널리 어느 곳이나 나투어 주신다)

오늘 맑고 풍요로운 가을 정취를 느끼며 이 곳에 오면서 모든 분들께 감사드리며 오직 즐겁고 기쁜 마음으로 왔습니다. 이 장엄한 화엄만다라세계(華嚴曼陀羅世界)를 가꾸어 주시는 끝없는 하늘 같으시고 깊이 모를 바다 같은 보현보살님의 덕상을 마음 깊이 그리며 또 고통 받는 중생을 찾아다니며 보현보살님의 행원을 실천하고자 오늘도 변함없이 노력하시는 자원봉사자 여러분들을 생각하니 한 나절을 차를 타고 오면서도 힘들지 않았습니다.

저는 가끔씩 봉사자 여러분들을 생각하게 되면 여러분들이야말로 이 시대의 보현보살님의 진정한 행자이며 화엄동산의 꽃이며 빛이며 감로라고 느껴집니다. 그러므로 오늘 저는 인연된 시간을 통해 보현보살님의 행원을 말씀드리고자 합니다.

그럼 우선 보현보살님의 명호부터 설명드리자면, 보현보살님의 체성(體性)이 두루하여 온 우주에 가득하고 한이 없으므로 보(普)라 하고 그 공덕이 인연을 따라 일체에 모두 응하여 주시므로 현(賢)이라 하는 것입니다.

그러므로 화엄경(華嚴經)에 보현행원을 닦는 사람은 "일체 죄업이 소멸하며 일체 병고가 없어지며 일체 마군이 물러가고, 선신이 수호하며, 세상을 살아가는 데 걸림이 없어 마치 달이 구름 밖으로 나온 것과 같다."라고 말씀하셨으니 보현행원을 닦는 사람의 삶은 이 얼마나 숭고하며 복덕을 짓는 삶이 되겠습니까?

인간사에서 생기는 삼재(三災; 수재·화재·풍재)의 고통의 현장에서 병고로 시달리는 병원에서 가난과 외로움에 고통을 받는 어려운 이웃을 일일이 찾아다니며 최선의 노력을 다하시는 여러분의 삶이 바로 보현보살님의 원을 실천하는 삶이라 믿어 의심치 않으므로 앞서 말씀드린 공덕 또한 여러분들의 삶에 가피로 내려질 것입니다.

이왕 보현보살님의 행원이라는 말이 나왔으니 좀더 구체적으로 화엄경에 있는 십대행원(十大行願)에 대하여 말씀드리겠습니다. 이 한없는 뜻을 지닌 행원을 낱낱이 소개하자면 다음과 같습니다.

첫째는 예경원(禮敬願)으로 부처님께 예배하고 공경하는 원이요, 둘째는 찬양원(讚揚願)으로 모든 부처님을 찬탄하는 원이요, 셋째는, 공양원(供養願)으로 공양을 널리 베푸는 원이요, 넷째는 참회원(懺悔願)으로 모든 업장을 참회하는 원이요, 다섯째는 수희원(隨喜願)으로 남이 짓는 공덕을 함께 기뻐하는 원이요, 여섯째는 청법원(請法願)으로 설법하여 주시기를 청하는 원이요, 일곱째는 청주

원(請住願)으로 부처님께서 항상 세상에 머무시길 청하는 원이요, 여덟째는 수학원(隨學願)으로 항상 부처님을 따라 배우려는 원이요, 아홉째는 수순원(隨順願)으로 항상 중생을 수순하려는 원이요, 열번째는 회향원(廻向願)으로 지은 바 모든 공덕을 널리 회향하는 원입니다.

보현보살님께서는 이 열 가지 원을 언제까지 실천하시기를 발원하셨는가 하면 "중생계가 다하고 중생의 업이 다하고 중생의 번뇌가 다하면 나의 예배하고 공경함도 다하려니와 중생계 내지 중생의 번뇌가 다함이 없으므로 나의 원도 다함이 없어 생각 생각 상속하여 끊임이 없되 몸과 말과 뜻으로 짓는 일에 지치거나 싫어하는 생각이 없느니라." 하셨습니다.

제가 왜 자꾸 보현보살님의 행원을 말씀드리는가 하면 봉사자의 길을 간다는 것이 쉬운 일이 아니라는 것을 너무나 잘 알기 때문입니다. 더욱이 가정의 살림을 꾸려나가는 주체자로서 그 자리를 비워야 할 때 가족에게 불편을 주지 않으려면 여러분들의 땀과 피가 빈자리를 메워야 한다는 것도 잘 알고 있기 때문입니다.

누구나 한두 번은 사회적 분위기에 편승해서 동참할 수도 있지만 여러분들처럼 몇 년씩 봉사활동을 해왔다거나 앞으로도 조직적으로 평생을 한다는 계획을 세우고 실천하는 것은 진실로 쉽지 않은 일입니다.

이 세상에는 백 가지 선한 일을 알면서도 한 가지도 실천하지 않는 사람도 있는데 봉사자 여러분들은 한 가지만 알아도 꼭 실천을 하는 분들이니 참으로 진실한 수행자의 삶을 사는 것이요, 복덕의

열매가 맺는 삶을 사는 것입니다. 참다운 봉사자의 가치는 부처님
과 성현의 가르침을 얼마나 배워서 알고 암송(暗誦)하느냐에 있는
것이 아니라 바른 신심과 원력으로 얼마나 믿고 얼마나 실천하느
냐에 달려 있습니다.

한 예로 "일체 중생이 모두 부처님의 성품을 지니고 있다."라는
가르침을 배웠으면 상불경(常不輕) 보살님처럼 만나는 사람마다에
게 "나는 그대들을 깊이 공경하나니 그대들은 모두가 마땅히 성불
할 사람이다."라고 찬탄하며, 상대방이 혹 화를 내거나 욕을 하거
나 나뭇가지나 돌로 때려도 멀리 달아나면서도 상대를 원망하지
않고 찬탄의 말씀을 반복하였으니 이보다 투철한 실천행이 또 어
디 있겠습니까?

상대가 나를 박대하여도 상대를 찬탄하는 상불경보살님의 그 마
음처럼 봉사자들이 상대를 위하여 봉사하는 그 마음 또한 거룩하
며 상대를 끝없이 찬탄하여 내세에 석가모니 부처님이 되신 것처
럼 봉사자 여러분들도 내세에는 오늘의 공덕으로 꼭 부처님이 되
실 것입니다. 부처님이 되는 길이 이론과 학습에 있지 않고 오직 실
천수행에 있기에 그 인연의 열매는 더욱 일찍 영글게 될 것입니다.

여러분들께서 봉사활동을 하시면서도 항상 보현보살님의 행원
을 정성을 다해서 실천하면 여러분들 마음에 본래 가지고 있는 보
현대보리심(普賢大菩提心; 보현보살님의 큰 지혜의 마음)이 빛을 발하
여 스스로 덕을 갖추게 되고 또 보현보살님은 보현연명보살(普賢延
命菩薩)이라고도 칭명하니까 보현행원을 실천하는 봉사자 여러분
들의 수명도 점차 길어지게 될 것을 믿어 의심치 않습니다. 관보현

246

보살행법경(觀普賢菩薩行法經)에 부처님께서 아난 스님 등 제자들에게 "내가 멸도 후 모든 중생은 관보현행을 닦아 법화삼매(法華三昧)를 증득하라."고 하셨습니다.

이 얼마나 간곡히 이르신 말씀입니까? 여러분들이 상구보리 하화중생(上求菩提 下化衆生; 위로는 깨달음을 구하고 아래로는 중생을 교화한다)의 뜻을 받들고 모여서 오늘까지 교계를 대표하는 봉사활동을 사회적으로 펼쳐오신 점을 재삼 찬탄드리며 회원 서로 서로를 보살피고 격려하며 더욱 발전되시길 바랍니다.

봉사를 목적으로 모였으니 이 세상에 이보다 훌륭한 인연이 또 어디에 있겠습니까? 다 끝없는 과거 전생부터 좋은 도반으로 만나서 보현보살님의 품에서 만 중생의 생명을 키워낸 공덕으로 맺어진 인연이라 생각합니다. 이 복된 인연을 영원히 이어가기 위해서 함께 지어온 모든 공덕을 서로 서로에게 회향하며 모든 중생과 더불어 함께 해탈하고 대지혜를 성취하기를 보현보살님전에 맹세합시다.

자신으로부터 시작하여 가족 친지 친우 등 모든 분들이 봉사의 기쁨을 깨달을 수 있도록 교화하며 더욱 진솔한 마음으로 정성을 다해 봉사활동을 하여서 여러분의 손끝 발끝에서 자비의 연꽃이 활짝 피어 세상을 편안하고 향기롭게 가꾸어 주시길 바라마지 않습니다. 오늘은 제가 이 세상에서 가장 아름다운 사람들과 함께 소중한 시간을 보냈다고 확신합니다. 자원봉사자의 삶! 아무리 칭찬하여도 지나치지 않습니다.

- 불교지원 봉사자 워크샵

신이 아닌 진리를 믿자

유명한 실존주의 철학자 칼 야스퍼스(Karl Jaspers)는 『붓다 공자 그리고 예수』라는 저서에서 "불교야말로 한번도 폭력, 이교도의 탄압, 종교재판, 종교전쟁을 일으키지 않은 유일한 종교"라고 했습니다.

얼마 전 전 미국 대통령 빌 클린턴이 자신의 모교인 조지타운대에서 이번 아프카니스탄의 탈레반에 의한 테러에 대하여 "우리는 지금 노예제와 원주민 학살, 십자군 전쟁의 대가를 치르고 있다."며 미국과 기독교가 그간 인류에 대해 저지른 원죄를 지적하며 지금도 중동지역에서는 십자군 원정 때 기독교인들이 예루살렘 신전 언덕에 살고 있던 모든 이슬람교도를 살해한 것을 잊지 못하고 있다고 연설하였습니다.

탈레반은 이슬람 정권을 표방하고 지난 봄 서기 5세기의 조각상으로 동서문화의 교류에 있어 중요한 위치에 조성된 높이 53m 세계 최대의 불상인 '바미얀 석불'을 "신은 하나이며 조각상을 숭배하는 것은 잘못"이라고 주장하면서 불교인들뿐만 아니라 세계인의 반대에도 불구하고 성스러운 신앙의 귀의처를 파괴하였습니다.

세계는 지금 이렇게 자기 주장에만 익숙한 종교인들이 앞장서서 싸우고 있으며 종교인들이 이렇다 보니 다른 목적으로 전쟁을 일으키면서도 종교를 이용해 성전(聖戰)이라는 명분을 내세우기에 급급해하고 있습니다.

저는 오늘날의 이런 현실 앞에서 부처님께서 강조하신 "종교는 뗏목과 같다"는 가르침에 대하여 말씀드리고자 합니다. 부처님께서는 "교법(教法)을 배워서 그 뜻을 안 후에는 결코 거기에 집착하지 말아라. 너희들은 이 뗏목처럼 내가 말한 교법까지도 버리지 않으면 안 된다."라고 말씀하셨습니다. 즉 생사의 강을 건너고 고통의 강을 건너고 어리석음의 강을 건너는 사람이 뗏목을 이용해 건넜으면 그 때부터는 뗏목을 버려야 한다는 것입니다. 이 얼마나 종교의 본질을 정확하게 꿰뚫는 말씀이며 멋진 말씀이며 넉넉한 말씀입니까?

제가 단문(短文)해서 그런지는 몰라도 불교 외의 종교에서 이런 뜻의 가르침을 접해본 적이 없습니다. 기존의 종교들은 자신의 종교에 귀의한 사람들에게 믿음만을 강요하는 경향으로 흐르다 보니 자연히 배타적인 생각, 언어, 행동으로 집단 분쟁을 유발하게 되는 것입니다. 종교를 진리의 수단으로 보는 부처님의 견해에 의하면, 종교 자체는 배요, 뗏목이고, 불경이나 성서, 코란 등은 뱃길을 밝히는 항해도(航海圖)라 할 수 있는 데에 반해서 타종교는 성전(聖典)이라는 이름으로 절대화를 강요하고 독단적으로 성전만이 진리 그 자체라고 주장하는 경향이 아주 짙게 깔려 있습니다.

인류전쟁사의 대부분을 차지한 종교전쟁의 시발점도 종교간의 갈등에서 특히 자신의 종교에서 따르는 신과 교리에 의해서 일어난 것입니다. 같은 의미의 표현도 장소, 시간, 대상에 따라서 달라질 수밖에 없는 것에조차도 매달리는 것이 오늘날 편협한 종교인들의 사고이며 거기에 전투적인 성향을 지닌 신자들은 타종교를 파괴하는 데에 자신의 종교를 지키는 수행보다 더 적극적인 행동을 일삼아 인류의 안녕을 무너뜨리고 있습니다.

세기경(世紀經)에 보면 모든 하늘과 아수륜이 싸우는 내용이 있는데 아수륜은 악해서 항상 싸움을 즐기며 적극적으로 싸우는데 결과는 언제나 선신(善神)인 제석천왕이 이긴다고 합니다. 그렇게 싸운 결과 아수륜은 제석천왕의 결박에 묶이는데 그 밧줄은 다름아닌 아수륜의 탐착심이라고 하며 아수륜이 탐착심을 버리지 못하는 이상 결박에서 풀려나지 못하며 제석천이 아수륜을 이기는 힘은 인욕(忍辱)에서 나오는 것이라 하셨습니다.

즉 모든 악 가운데 가장 악한 것은 끝없이 화를 내고 싸우는 것인데 이 때 싸움을 이기는 방법은 화를 내지 않고 싸우는 것이 최상의 법이라는 것입니다.

얼마 전에 미국과 아프가니스탄 전쟁으로 문명충돌론에 관심을 갖고 현대 신학계(神學界)의 거장으로 알려진 독일 뮌헨대 볼프하르트 판넨베르크 교수의 내한 강연내용을 지면을 통해 읽었습니다. 그는 '기독교와 타종교의 대화'라는 주제에서 "종교간의 대화는 우리 시대의 분명한 요청"이라는 점을 거듭 강조하였습니다.

그의 강연 내용 중 특히 공감이 가는 것은 "세계 종교의 진리 주장은 모든 사람에게 타당한 신에 관한 진리를 주장하고 각자에게 복종을 요구함으로써 불가피하게 갈등을 야기할 수밖에 없으며 이러한 보편적 진리 주장은 한 종교의 정체성을 상실하지 않고서는 포기될 수 없기에 세계는 계속 종교적 갈등에 시달리고 있다"고 하며 "종종 종교적 갈등 뒤에는 사회적 정치적 이유들이 있으며 종교적 신념의 차이는 단지 부차적 동기로서 갈등에 기인한다. 때로는 종교가 사람들 사이의 세속적인 차이를 은폐하고 조장하도록 오용하기도 한다"고 하였습니다.

저는 현재의 중동전쟁을 종교 차이에만 너무 비중을 두는 많은 학자 언론인들이 미국을 바라볼 때 종교 이면에 감추어진 것들에 대해서 좀 더 심도있게 설명이 되어야 한다고 생각합니다. 세계가 온통 파괴로 무너져가기 전에 종교인들도 정신을 차려서 진지한 종교간의 대화는 물론 궁극적으로는 진리와 궁극적 실재에 대한 일치에 관심을 가지고 상호이해를 증진하고 무엇보다 인간생명의 존중에 관해서 합의를 할 때가 왔다고 생각합니다. 인간관계에 있어서 폭력을 폭력으로 대항해서는 서로간에 파괴밖에 남는 것이 없기 때문입니다.

부처님께서 기원정사에 머무르실 때의 일입니다. 그 당시 사리불(舍利弗) 스님께서는 지혜가 높고 인욕행을 잘 닦아서 어떠한 경우에도 성내는 일이 없다고 소문이 나 있었습니다.

하루는 어떤 사람이 그 소문이 사실인지를 확인하기 위해서 사리불 스님이 성안에 탁발을 하러 오시는 것을 기다렸다가 뒤를 따라가 주먹으로 등을 때렸습니다. 그러나 사리불 스님은 뒤도 돌아보시지 않고 그냥 탁발을 계속할 뿐이었습니다.

그래서 때린 사람이 감동을 받아 성인을 때린 잘못을 참회하며 무릎을 꿇고 용서를 비니 사리불 스님께서는 묵묵히 들으시고 "아, 그런 일이 있었소? 내 당신을 용서하리라." 하고는 그 자리에서 용서를 하셨고, 때린 사람은 감사의 뜻으로 자신의 집으로 사리불 스님을 초청해서 공양을 올리니 스님께서는 기쁜 마음으로 공양을 받으셨습니다.

그뿐만이 아니라 스님을 때린 사람을 혼내주기 위해서 사람들이 몰려들자 이를 말리며 "이 사람은 당신들을 때린 것이 아니라 나를 때렸으니 내가 용서를 했으면 다 된 것이니 당신들은 이제 당신들 일이나 하도록 하시오."라고 말씀하셨습니다.

그 후 이 일을 전해들으신 부처님께서는 사리불 스님을 칭찬하시며 "누구든지 수행자를 때려서는 안 된다. 또 수행자를 때린 자에게 성을 내서도 안 된다. 수행자를 때린 것은 부끄러운 일이요, 자기를 때린 자에게 성내는 것은 더욱 부끄러운 일이다."라고 가르침을 내리셨습니다. 이 얼마나 폭력을 경계하신 말씀이시며 인욕을 강조하신 말씀입니까?

강의를 마치며 여러분의 신앙에 대하여 함께 풀어야 할 과제를 물어보겠습니다. 여러분들 중에서 불교인이 있다면 부처님을 믿으시나요? 부처님의 가르침을 믿으시나요? 천주교인 기독교인이 있다면 천주님과 예수님을 믿으시나요? 천주님과 예수님의 가르침을 믿으시나요? 다시 말씀드려 종교인이라면 신을 믿으시나요? 진리를 믿으시나요?

저는 이 자리에서 분명히 말씀드리건대 진정한 종교인은 진리를 믿고 따라야 한다고 생각합니다. 신만 따르고 진리를 따르지 않으니 종교인들이 세상을 분쟁하게 만드는 것입니다. 요한복음서에도 "진리를 알지니 진리가 너희를 자유케 하리라."라고 하였습니다.

이제는 종교인들이 앞장서고 사회 각계 각층의 사람들이 모두 반성하고 낡은 이분법을 버리고 오직 믿음과 대화를 통해서 미래의 발전과 세계의 안녕을 모색할 때입니다.

국가와 민족을 수호하고 자유와 인권을 발전시키기 위하여 심혈을 기울이시는 경찰 관계자 여러분들께 항상 건강과 행복이 충만하시길 부처님전에 기원드리겠습니다. 성불합시다.

-경찰청 초청법회

고통을 모으러 다니는
나그네

초판 발행 2002년 3월 15일
초판 8쇄 2008년 9월 18일

지은이   법장
펴낸이   박상근(至弘)

펴낸곳   불광출판사
서울시 송파구 석촌동 165-14

등록번호 제1-183호(1979. 10. 10)

대표전화 (02) 420-3200
편 집 부 (02) 420-3300
팩스밀리 (02) 420-3400

ISBN 89-7479-754-2
www.bulkwang.or.kr

값 11,000원